青春文庫

250年前にタイム・スリップ！

見てきたようによくわかる
蔦屋重三郎と江戸の風俗

日本史深掘り講座［編］

青春出版社

はじめに

2025年のNHK大河ドラマは『べらぼう〜蔦重栄華乃夢噺〜』。主人公は江戸の出版プロデューサー、蔦重こと、蔦屋重三郎です。

蔦重は、今でいう出版社の社長であり、敏腕の編集者でもありました。手がけたジャンルは多彩で、店を大きくする過程では黄表紙、狂歌本で大当たりをとり、後には浮世絵に進出、喜多川歌麿、東洲斎写楽の大首絵など、数々の錦絵を手がけました。彼が生み出した浮世絵は、今もジャパンアートの代表格として世界中で愛されています。

その浮世絵には、ご承知のように、江戸のさまざまな風俗が活写されています。浮世絵の3大ジャンルである美人画（おもに吉原）、役者絵（歌舞伎）、相撲絵のほか、名所・盛り場風景、ファッション、季節の遊びなど、江戸の風俗が余すところなく描かれています。

そこで、本書では、蔦重の人生を軸に、江戸の出版業界の成り立ち・様子、浮世絵の基礎知識、そして、江戸の風俗、遊びなどをひとつひとつていねいに紹介したいと思います。

蔦重の時代を見抜く目、企画力に驚嘆するとともに、彼が駆け抜けた江戸後半の江戸っ子たちの楽しい暮らしに思いを馳せていただければ幸いに思います。

二〇二四年十一月

日本史深掘り講座

２５０年前にタイム・スリップ！
見てきたようによくわかる
蔦屋重三郎と江戸の風俗

＊目次

1章　蔦屋重三郎と江戸の出版事情　15

3章 吉原と岡場所 71

カバー写真■ColBase（https://colbase.nichi.go.jp）
三代目沢村宗十郎の孔雀三郎なり平（東洲斎写楽）
婦女人相十品・ポッピンを吹く娘（喜多川歌麿）
針仕事（喜多川歌麿）
名所江戸百景・猿若町よるの景（歌川広重）
DTP■フジマックオフィス

1章

蔦屋重三郎と江戸の出版事情

蔦屋重三郎1
——どうやって、のしあがったか？

まずは、稀代の出版プロデューサー、蔦屋重三郎がどのような人生を送ったのか——彼が生きた時代の政治・経済・文化情勢をまじえながら、振り返ってみましょう。

蔦重こと、蔦屋重三郎は1750年（寛延3）、吉原遊廓で働く父のもと、吉原に生まれました。叔父は茶屋「尾張屋」の経営者、近い親戚は引手茶屋を経営していました。家族や親戚の大半が廓者《くるわもの》という世界で、彼は育ったのです。その後、蔦重は吉原と切っても切れない人生を歩むことになります。

蔦重が7歳頃、両親が離婚し、引手茶屋を経営していた親戚の養子に入ります。引手茶屋は、遊客を遊女屋へ案内する茶屋のこと。その茶屋の屋号が「蔦屋」でした。なお、現代のレンタルDVDチェーン「TSUTAYA」の店名は、蔦屋重三郎の名に由来します。

　蔦重は、成人すると、その引手茶屋の一角に貸本屋を開き、また編集者として『吉原細見《さいけん》』の編集を手がけます。それは吉原に関するガイドブックで、版元に安定収入をもたらした企画です。蔦重は、自らが編集した『吉原細見』の序文を当時の有名人だった平賀源内に書いてもらっています。後には、自ら版元となって『吉原細見』を発行するようにもなります。要するに、今でいえば、蔦重は貸本屋兼フリーの編集者として出版界に身を投じ、資金を貯めて、出版社を興したというわけです。

　そうして、蔦重は18世紀後半、出版人として歩みだしました。その時代は、歌舞伎や浮世絵、大相撲、落語といった江戸を代表する文化が揃い踏みし、いずれも隆盛期へ向かっていく時代です。要するに、江戸時代が「私たちがイメージする江戸時代」になった時代といっていいでしょう。この本で紹介する江戸の風俗や遊びも、おおむねそんな「江戸後期」の様子を描いています。

　ここで、本書で用いる江戸時代の「区分」について、お話ししておきます。本書では、江戸時代を大きく4つに分けています。江戸初期、中期、後期、幕末の4時代です。その期間は、

・**初期**――初代家康〜4代家綱（1603〜1680）。大坂の陣や島原の乱が起き、幕府が外様大名の取り潰しに躍起になっていた時代です。いわゆる「武断政治」の時代であり、戦国の気風が残り、江戸の町には、まだ寄席も浮世絵もありませんでした。

・**中期**――5代綱吉〜8代吉宗（1680〜1745）。政治的には、綱吉が「文治政策」に転換し、幕府中興の祖とされる吉宗が享保の改革を行った時代です。元禄文化など、私たちのイメージする「江戸時代」に近づいた時代です。

・**後期**――9代家重〜12代家慶《いえよし》（1745〜1853）。経済政策が、吉宗の重農主義から重商主義なものに転換し、江戸文化が全開しました。時代劇ドラマの『鬼平犯科帳』や『遠山の金さん』に描かれてきたのも、そんな時代の風景です。

・**幕末**――13代家定〜15代慶喜（1853〜1867）。黒船来航以後の激動の約15年間です。

これらの時代の境目には、それぞれ大きな幕府の政策変化がありました。まず、初期から中期への変化は、統治政策の根本が「武断政治」から「文治政治」へ変化したことでした。一方、中期から後期への変化は、経済政策の根本が「重農主義」から「重商主義」に変化したことでした。

蔦重が活躍しはじめたのは、江戸後期のとば口、田沼意次《おきつぐ》が政治的実権を握り、彼の重商主義的な政策によって好景気に湧いた時代です。田沼が出世の階段を駆け登った時代と、蔦重が事業を猛スピードで拡大した時期は、ほぼ重なっています。

田沼意次は蔦重が出版界に身を投じた時期の1767年、まず側用人へ出世し、その5年後、老中となると、経済政策を大きく転換します。徳川吉宗の享保の改革以来、幕政は質素倹約を旨としていたのですが、それを全面否定したのです。

たしかに、現代の経済学の目からみると、吉宗流の質素倹約一点張りの緊縮政策では、経済全体がシュリンクしてしまいます。田沼はそのことを直感的に理解していたのか、積極財政を展開、民間経済を活性化させて、好景気を演出します。

具体的には、田沼は、商人や手工業者の同業者組合「株仲間」を奨励、専売制などの特権を与えて保護します。そして、富裕な町人に資本を出資させ、印旛沼《いんばぬま》や手賀沼を干拓して、新田開発に取り組みます。一方、鎖国政策をゆるめて、長崎貿易を拡大、海外の物産や新技術を積極的に取り入れました。

というように、田沼は、従来のコメ中心の重農主義から、商業中心の重商主義へ経済政策を転換しました。その結果、経済は拡大、一時的には、江戸260年間でも、最も景気のいい時代を迎えました。世の中に自由な気風が溢れた時代でもありました。

その出版業にとっても恵まれた時代、蔦重はいよいよ「地本問屋《じほんどいや》」を開業します。地本問屋は、江戸の出版社といえる存在で、以後、蔦重はヒット作を連発します。

当初、蔦重が得意としたのは、黄表紙《きびょうし》と狂歌本でした。30歳になった1780年には、蔦重は黄表紙を8作、翌年には7作を出版、ヒットさせています。1781年には、狂歌ブームを演出します。

そして大いに稼いで、1783年には、吉原から江戸の一流版元が軒を並べる日本橋に進出したのです。今でいえば、歌舞伎町から銀座に移ったようなものでした。

そして、その前後、絵師の喜多川歌麿と出会ったようです。蔦重は、歌麿の才能を見いだし、日本橋の店舗に居候させて生活の面倒を見ながら、歌麿の画力を鍛えます。『百千鳥狂歌合《ももちどりきょうかあわせ》』など、多色摺りの狂歌本の絵師に歌麿を起用し、鳥や虫や貝を描かせて、デッサン力を磨く機会を与えたのです。それから、まもなく歌麿は美人画のベストセラーを連発しはじめます。

蔦重は、出版人として約4半世紀活動しますが、以上のように、その前半の10年間余り、田沼意次の全盛期に、吉原の間借りの貸本屋から、江戸屈指の地本問屋に成り上がったわけです。

蔦屋重三郎2
――どう弾圧され、権力と戦い、おちぶれ、復権を図ったか

そうして、蔦重は、出版業界で大成功をおさめたわけですが、好事魔多し、出版活動の後半の10年余りは、苦難の連続でした。幕府の統制・弾圧と戦い続けることになったのです。

そのはじまりは1786年、田沼意次が失脚し、松平定信が実権を握ったことです。そもそも、華やかな田沼時代には、暗黒面もありました。賄賂政治が横行し、田沼自身も賄賂政治の張本人として批判を浴びました。

さらに、田沼は、浅間山の噴火による天明の飢饉の対応に失敗し、一揆や打ちこわしが頻発します。そして1786年、田沼を重用していた10代将軍家治《いえはる》が没すると、田沼は老中を罷免され、約20年間続いた「田沼時代」は終わりのときを迎えたのです。

次いで、幕政の実権を握ったのは、松平定信でした。定信は、白河藩の藩主で、8代将軍吉宗の孫。早々に養子に出ていなければ、将軍になっていてもおかしくない人物でした。彼の基本政策は、田沼の重商主義的な政策を、祖父吉宗の重農主義路線に戻すことでした。

また、定信は、これも祖父を手本にして、風紀の取り締まりを行います。町人の贅沢、銭湯の男女混浴や女髪結《おんなかみゆ》い（売春を伴いました）など、さまざまな江戸の風俗・遊びを風紀を乱すとして禁止しました。

出版界も目をつけられ、厳しい統制を受けることになります。本や浮世絵のテーマや中身、装丁、色づかいまで規制されたのです。こうして、蔦重にとって生涯最大の逆風が吹きはじめました。

蔦重は、そうした統制に対して、黄表紙で定信の政策を茶化すなど、抵抗の姿勢を示します。その心意気は一時的に世間の喝采を受けますが、その一方、幕府をさらに刺激しました。改革開始から4年後の1791年、幕府は、蔦重が手がけた山東京伝の本を摘発、京伝を手鎖《てぐさり》50日の刑に処したうえ、蔦重を身上半減に処し、財産の半分を没収しました。

この弾圧によって、蔦重はいったん事業を縮小せざるをえなくなりますが、それでへこたれることはありませんでした。まずは、歌麿の大首絵（美人画）をヒットさせ、巻き返します。

そして、弾圧を受けてから3年後の1794年、蔦重は大勝負に出ます。それまで手がけたことのなかった「役者絵」に取り組んだのです。そのさい、起用した絵師が、東洲斎写楽でした。

写楽の役者絵シリーズの刊行は、蔦重にとって、最後といってもいい大博打でした。しかし、詳しくは後述するように、蔦重は莫大なコストをかけたものの、そのシリーズがヒットすることはありませんでした。

それから3年後の1797年（寛政9）、蔦重は息を引き取りました。享年48。死因は、江戸煩いと呼ばれた脚気だったと伝わります。

蔦重が創業した地本問屋「耕書堂」は、番頭が跡を継いで、4代目の1861年まで、店は続きました。しかし、その後、初代蔦重の時代のような輝きを取り戻すことはありませんでした。

地本問屋
――蔦重も営んだニュービジネス

ここからは、蔦重が身を置いた江戸の出版業界について、詳しくお話ししていきましょう。

まず、「本」は江戸のニューメディアであり、「本屋」は江戸のニュービジネスでした。平安時代の昔から戦国時代まで、本を所持したいという人は、本の所有者から借りて書写し、写本を作る必要がありました。印刷本はごく少数あるだけで、それもごく一部の特権階級や富裕層が所有するものだったのです。

ところが、江戸時代、木版による印刷技術が向上し、紙の値段も下がって、本を大量に印刷できるようになります。そして、天下太平の世の中、本を読みたいという引きが増え、そのニーズに応えるべく、「本屋」が登場したのです。そうして、庶民でも、本を比較的安価に「借りられる」（買うのは依然高価でした）時代が訪れたのです。

なお、出版業を技術的にささえた木版印刷は、「版木」に文字や絵を彫って印刷する手法です。当時すでに、活字を組んで印刷する技術（活版印刷）はあったのですが、江戸時代の日本では、それは主流の印刷技術にはなりませんでした。日本語は、アルファベットを使うヨーロッパ言語と違って、平仮名、カタカナ、漢字と多種類の文字を用います。その多種類の活字を用意するよりは、版木に文章や絵を彫り込む木版印刷のほうが、コストをおさえられたのです。

そうして、木版印刷本を商う「本屋」が登場するのですが、本屋が最初に登場したのは、江戸ではなく、京都でした。江戸初期の文化の中心地は、あくまで上方《かみがた》にあったのです。

江戸初期、京都の本屋がおもに扱ったのは、「書籍」と総称された硬い本でした。歴史書、仏書・漢籍、医学書などを中心に商っていたのです。そうした硬い本をおもに扱う本屋は「書物問屋《しょもつどいや》」と呼ばれました。

次いで、出版業は大坂に広まり、かるい読み物である「浮世草子」が人気を博します。その代表作が、井原西鶴の『好色一代男』（1682年）です。

1700年代に入ると、江戸にも本屋が多数現れ、1721年には、江戸市中に47軒の本屋があったと記録されています。ただし、その半数以上は、上方からの出店でした。そのころ、京都には200軒にのぼる本屋があったのです。

蔦重の生まれた1750年ごろから、江戸では、書物問屋のほか、やわらかい本を扱う「地本問屋」が急増します。「地本」とは「地元（江戸）で作られた本」という意味。上方で作られて運ばれてきたものではなく、江戸で作られた地産地消の本というわけです。一方、上方で作られ、上方の出店《でみせ》で売られる本は「下《くだ》り本」と呼ばれました。

地本問屋が扱ったのは、草双紙、人情本、洒落本《しゃれぼん》、黄表紙、浮世絵といった娯楽本のジャンルでした。蔦重が経営した耕書堂は、むろん地本問屋のひとつです。

書物問屋も地本問屋も、現在の本屋とは違って、出版社を兼ねていました。現代の出版業は、出版社、取次（問屋）、書店によって分業化されていますが、江戸の地本問屋はそれらの業務を一手に引き受けていたのです。

地本問屋は、自ら本を企画し、著者らに原稿・絵を発注し、編集、印刷、製本を行い、そして、版木を有することから、「版元」とも呼ばれました。なお、当時、版木は売り買いされ、版木を買ったものは、印刷・販売することができました。この版元という言葉、今の出版界にも残っていて、「その本、版元はどこ？」などと使われています。

そして、本屋は、そうして作った本を小売りするほか、町中に多数あった「貸本屋」に卸《おろ》していました。そのため、「問屋」と呼ばれていたのです。

そうした地本問屋の活動が、最も活発かつ精彩を放っていたのは、18世紀後半から19世紀半ばにかけての約1世紀間です。その時代の前半、蔦重が経営する耕書堂は、業界トップクラスの座にあったのです。

江戸の読者層
――新しい趣味「読書」をどうやって楽しんだか？

江戸時代の日本は、同時代としては、世界的に見ても、出版が盛んな国でした。

とりわけ、江戸後期には、おびただしい数の書物が出版されました。

本が大量に作られた背景には、江戸時代の識字率の高さがあります。江戸後期には、男女合わせて、5割程度の人が読み書きができたと推定されています。当時、ヨーロッパ人の識字率が10〜20%だったとみられますから、世界水準からみて、それはひじょうに高い数字でした。幕末、日本を訪れた欧米人は、庶民にも字が読める者が多いことに驚いています。

その高い識字率を生み出し、ささえたのは、全国各地にあった「寺子屋」でした。寺子屋は中世の寺院ではじまったので、その名があるのですが、江戸時代には寺院と離れて、町中や農村に多数の寺子屋が生まれます。親は、子供が8〜9歳ぐらいになると、3〜4年ほど寺子屋に通わせ、読み書きそろばんを学ばせたのです。そうして識字率が高まり、江戸後期には、読書が庶民にとっても身近な娯楽となったのです。

ただ、身近とはいえ、当時は紙の値段が高かった分、本も高価なものでした。今の金額にして1冊数千円はし、たとえば『好色一代男』は8巻揃いで、今の金額にして5万円はしました。そうそう買えるものではなかったので、侍も庶民も貸本屋を利用しました。多少富裕な人も、本を読むときには、貸本屋を利用するのが一般的だったのです。

貸本屋
——江戸の読書をささえた〝レンタルシステム〟

江戸時代の貸本屋は、店舗でお客を待つスタイルではなく、本を背負って持ち歩く行商で行われていました。貸本屋は、お客の好みに合わせて、人情物、実録物、戦記物など、さまざまなジャンルの本をかついで、お客のもとに届けていたのです。新しい作家の本が出たときなどには、さわりを語って、お客の興味をひくこともあったようです。

そうした貸本屋は、文化年間（１８０４～１８１８）には、江戸市中に６５６軒、天保年間（１８３０～１８４４）には８００軒もあったと記録されています。

貸本屋は、本を仕入れるときには、出版社兼卸問屋の地本問屋を数軒回って、借り手がつきそうな本を物色しました。一軒の貸本屋は１００～２００人の顧客を持っていたとみられ、天保年間には800軒の貸本屋があったので、顧客が平均150人だったとして、江戸市中には12万人もの貸本ユーザーがいたことになります。家族の間など、借りた本を複数の人が読んだケースも多かったので、江戸の読書人口はそれ以上の数にのぼります。なお、当時の江戸の人口は、武士、町人合わせて100万人前後だったと推定されています。

見料（レンタル料）は、新本なら1巻24文（約480円）、古本なら16文（320円）程度でした。古本は二八そば一杯の値段と同じだったというわけです。

出版・製本
——本は、どのようにして作られたか？

では、地本問屋では、具体的には、どのような工程で本を作っていたのでしょうか。

まず、版元が企画を立て、著者に原稿執筆を依頼します。絵が必要な場合は、絵師に依頼します。

原稿ができあがると、版元は、それを清書したものを、「仲間」の集まりに提出しました。江戸の本屋の間では1722年、本屋仲間が作られていたのです。それを主導したのは、幕府でした。商業出版が盛んになると、政治を批判する本や好色本も出てきました。そこで、幕府は、風紀を取り締まるため、本屋に「仲間」を作り、自主的に検閲することを命じたのです。

また、江戸後期、出版がさらに盛んになると、各版元の本の中身が重複するケースが多くなりました。そこで、似たような作品を禁止するためにも、仲間内で草稿段階から相互チェックしていたのです。

そうして、仲間の「OK」が出ると、版元は清書したものを版木屋へ渡し、彫師が板に文字や絵を彫っていきます。校正して文字の誤りを正した後、摺師が刷り上げました。

その段階で、刷り上がった本を再び仲間の世話役に提出して、再度チェックを受けました。それに通過すれば、「売弘《うりひろ》め」、つまり「売ってよろしい」という許可が出ました。

この2度目のチェックは、おもに内容を自主規制するためのものでした。そうしなければ、幕府が介入してくる恐れがあったからです。ことに、寛政の改革や天保の改革の時期には、厳しい出版統制が行われました。そうした幕府の介入を防ぐため、自分たちでチェックし合っていたのです。このあたりは、現代の映倫などのシステムとよく似ています。

その後、見本摺ができあがると、販元は営業に回り、人気のほどをはかって初版部数を決め、「本摺」に入りました。摺師が決められた部数を摺り、製本します。そうして、ようやく販売にこぎつけることができました。

本の種類
——やわらかい本には、どんなタイプがあったのか？

江戸時代の本は、大きく「書物」と「草紙」に分けられました。書物は、古典や学問の本。草紙は、娯楽本やハウツウ書などです。書物はおもに「書物問屋」、草紙はおもに「地本問屋」が扱いました。

さらに、地本問屋が扱うやわらかい本は、以下のように分かれていました。

まずは、気軽な読み物の「草双紙」です。それは、絵が中心で、余白に仮名で筋書きが書かれた物語本でした。紙面の大半は絵だったので、今のマンガに近い存在だったといえるでしょう。多くの地本問屋では、このジャンルが最大の収入源でした。

そして、草双紙は、中身によって表紙の色が刷り分けられ、さらに次の5種類に分けられていました。

・**赤本**――赤表紙の本で、桃太郎や猿蟹合戦などの昔話を扱いました。おおむね、年末に出版され、正月、お年玉代わりに子供に買い与えられることもありました。
・**黒本**――黒表紙の本で、大人向け。歌舞伎、浄瑠璃、軍記や歴史を扱いました。
・**青本**――表紙が青というより緑色の本で、その多くは色里を舞台にした話でした。
・**黄表紙**――世の中を風刺し、笑いのめした大人向けの読み物。その第1号は、１７７５年に出版された恋川春町作の『金々先生栄花夢《きんきんせんせいえいがのゆめ》』で、当時の世相を巧みに描写して評判をとりました。以後、そうした物語を青本などと区別し、黄表紙と呼ぶようになりました。初期の蔦重が最も得意としたジャンルで、２０２５年の大河ドラマのタイトルは、『べらぼう～蔦重栄華乃夢噺～』。このタイトルは、恋川春町作の黄表紙を意識してのものでしょう。

・**合巻**――草双紙（10ページ程度）を数冊合わせた長編物。寛政の改革の出版統制で、恋川春町が自殺に追い込まれるなど、「武士作家」が退場します。すると、黄表紙が衰退し、「合巻」というスタイルが浮上したのです。

他に、草双紙とは別のカテゴリーとして意識されていた本に、以下のような種類の本がありました。

・**洒落本**――遊里の客と遊女の様子を会話を中心に描いたもので、読んで楽しむだけでなく、遊び方ガイドの役割を兼ねていました。蔦重が見いだした山東京伝が得意としました。京伝は当初、黄表紙で人気を博しますが、寛政の改革がはじまると、黄表紙が取り締まりの対象になり、京伝は手鎖五十日の刑に処せられます。その後、京伝は取り締まりを避けて、「洒落本」に執筆の場を移しました。

・**人情本**――男女の情愛を描いた物語本。

・**滑稽本**――庶民の日常をユーモラスに描いた本。その代表作は、式亭三馬の『浮世風呂』『浮世床』や十返舎一九『東海道中膝栗毛』です。後者は、弥次さん喜多さんが人気を呼び、旅行熱に拍車をかけることになりました。

・**読本**――やや知的な大人向けの物語本。これは文字が中心で、和漢混淆文に挿絵が少々入っているという体裁でした。歴史をテーマにした物語が中心で、その最高傑作が曲亭馬琴の『南総里見八犬伝』です。

・**狂歌本**――狂歌を集めた本。黄表紙と並び、蔦重が得意としたジャンルです。

そして、物語本以外では、今でいうガイドブックも、地本問屋から多数出版されていました。

たとえば、『都名所図会《ずえ》』は、京都の神社仏閣、名所旧跡を絵入りで紹介したもの。刊行後2年間で4000部を売ったと伝わります。その後、柳の下のどじょうを狙って、『大和名所図会』『東海道名所図会』『摂津名所図会』などが出版され、いずれもよく売れました。

また、地本問屋は、浮世絵（錦絵）も扱いました。その分野では、各問屋が少数の人気絵師を取り合い、しのぎを削り合ったのです。

取り締まり
──出版には、どんな規制と弾圧が加えられたか？

では、江戸時代、どのような読み物が、取り締まり対象になったのでしょうか。

まず、後期に限らず、江戸時代を通じて、規制の対象だったのが、「豊臣家」に関する書物です。そのはじまりは、1649年のことでした。大坂の書店・西村伝兵衛が『古状揃《こじょうぞろえ》』という本を出し、そのなかに豊臣秀頼が徳川家康に宛てた書状が掲載されていました。

問題は、そこに「家康表裏之侍太閤忘厚恩」という一文があったことです。つまり、秀頼は家康に対して、「あなたは裏切り者だ。父秀吉（太閤）の恩を忘れた恩知らずだ」と罵っているのです。これが、3代将軍家光の逆鱗《げきりん》に触れ、書物は発禁処分、西村伝兵衛は斬首の刑に処せられました。

次いで1698年には、鱗形屋が出版した『太閤記』が絶版にされました。時代は下って、1804年には、喜多川歌麿が秀吉の醍醐の花見を題材にして、『太閤五妻洛東遊観之図』という浮世絵を描き、入牢3日手鎖50日の刑に処せられました。歌麿がその2年後に亡くなったのは、この刑が原因だったともいわれます。

豊臣家関係以外では、寛政の改革期に大規模な出版統制が行われました。たとえば、朋誠堂喜三二《ほうせいどうきさんじ》は『文武二道万石通《ぶんぶにどうまんごくとおし》』という黄表紙で、時の老中・松平定信の施策を風刺して人気を博しましたが、すぐに絶版に追い込まれています。天保の改革期にも、同様の規制が行われ、人情本の第一人者だった為永春水が手鎖50日の刑を受けています。しかし、そうした規制があっても、江戸後期、出版文化が衰退するわけではありませんでした。むしろ、黄表紙が規制されると、合巻や洒落本が人気になるなど、ひとつのジャンルへの規制が新たなジャンルの読み物を生み出すなど、江戸の出版文化はますます多様な展開を見せるようになったのです。

作家
――江戸のベストセラー作家たちが本名で書かなかったのは？

江戸時代の作家の多くは、専業作家ではなく、〝本業〟は下級武士でした。彼らは、武士のたしなみとして、漢文、漢詩、和歌などの教養を身につけ、なかには文才のある者もいました。加えて、彼らは天下太平の世の中、暇をもて余していたのです。そして、金はありませんでした。そんななか、下級武士のなかから、内職代わりに文章を書いて原稿料を稼ぐ者が現れたのです。

しかし、一応は侍だけに、戯作者《げさくしゃ》だということを世間に知られるのは、はばかられました。「侍たる者が廓話を書くとはけしからん」などということになるからです。そこで、武士兼作家たちは、本名を明かさずに筆名を使いました。

たとえば、前述した黄表紙『金々先生栄花夢』の作者・恋川春町の正体は、本名を倉橋格《いたる》という駿河小島藩の江戸詰用人でした。小石川春日町に住んでいたことから、恋川春町と名乗ったのです。

あるいは、狂歌や洒落本の作者として知られた大田南畝《なんぽ》は、本名を大田直次郎といい、幕府勘定所の役人でした。『東海道中膝栗毛』の作者・十返舎一九も、本名を重田貞一という江戸の下級武士でした。

彼らは、そうした筆名を使い、本名を明かさないことで、身を守っていたのですが、そうはいっても本が売れると、やがて正体は露見するもの。そして、身を守りきれない人も出てきました。

たとえば、恋川春町は弾圧を受けたさい、幕府の意を受けた藩主から圧迫されて、自ら命を絶ったとみられています。大田南畝は、寛政の改革で山東京伝らが弾圧されるのをみて、自ら筆を折っています。

見立番付
――江戸の人々も大好きだった「ランキング」

江戸時代、人気を呼んだ印刷物には、「見立番付」と呼ばれたジャンルがありました。さまざまなものを相撲の番付のようにランク付けした出版物です。

そのジャンルは、歌舞伎役者、美人、歌人、酒豪、桜の名所、諸国名物、温泉、山、川、流行、金魚、菊、朝顔など、なんでもござれ。

現代のミシュランのような飲食業の見立番付もあって、1859年発行の「御料理番付」によると、八百善《やおぜん》という料亭がトップで、「平清」「嶋村」と続きます。

なかには、女房の善し悪しをランク付けする番付もあって、よい女房の大関は

「万事主の指示に従う女房」、悪いほうは「悋気《りんき》深い女房」となっています。

また、「贅沢高名花競」という、「贅沢」をランク付けした番付もありました。上位のほうには、先にも挙げた高級料亭などが並んでいるのですが、下位にくると「冬籠　こたつの酒盛」とか「食べなまし　火箸でやくかまぼこ」などとされています。

というように、「見立番付」は、さまざまなものの人気に関する情報を伝えるとともに、世相をチクリと批評する読み物の性格を兼ね備えていました。それが1枚4文（約80円）ほどで買えたのですから、手軽な読み物として人気を呼んだのです。

瓦版
――どんなニュースがウケたのか？

印刷物のなかで、江戸の人々にとって、日々のニュースを知る情報源だったのは「瓦版」です。瓦版屋は、世間を騒がせるような事件が起きると、取材をして記事を書き、版木を彫って半紙に刷りました。そうしてできあがった瓦版を、流行の節回しに乗せて、記事のさわり部分を聞かせながら、売り歩いたのです。

なお、今、「瓦版」と呼ばれているものは、江戸後期までは「読売《よみうり》」と呼ばれ、「瓦版」と呼ばれるようになったのは幕末のことでした。

さて、瓦版の記事の中心は、心中事件、火事、美談、奇談など。また、瓦版の紙面の大半は絵が占めていて、記事よりも絵の迫力で読者に訴えるメディア、今でいえば写真誌のような存在でした。

瓦版は、江戸初期の1660年代から盛んになりはじめ、江戸中期にはすでに江戸の町に定着していました。そのころの値段は1枚物で4文（約80円）程度。内容によって枚数が増えると値段が高くなり、4枚綴りで16文と、かけそば一杯の値段になりました。幕末期、黒船が来航したりすると、記事量が増えて、20～30文もする瓦版も発行されました。いわば〝黒船増刊号〟でした。

瓦版の記事のうち、最も注目度が高かったのは、火事に関するニュース。江戸市中では火事が多かったので、人々は明日はわが身という心境で、火事をめぐる記事を読みふけりました。むろん、その記事を見て、火事見舞いに駆けつけるといった実用性もありました。

それ以外では、心中事件と敵討ちが人気の高い記事でした。両者とも、ニュース記事というよりも、実際の事件をもとに脚色された〝実録小説〟として、何度も刷り直されては販売されました。江戸の読者が瓦版に求めたのは、速報性や真実性ではなく、話題性や面白さだったのです。

2章

蔦屋重三郎と浮世絵

浮世絵の歴史
——モノクロからカラーへ発展させたマニアたち

蔦屋重三郎は、「本」でも多数のヒット作を作りましたが、それらは約250年という歴史に埋もれて、今、読む人は少なく、一般にはほとんど知られていません。一方、蔦重の手がけた「浮世絵」は、時代を超え、国境を超えて、今では世界的に知られています。写楽の大首絵などは、ジャパンアートの代表格といえるでしょう。ここからは、蔦重の手がけた絵を中心に、浮世絵の歴史を振り返っていきます。

まず、「浮世絵」とは、「浮世」を描いた風俗画の総称です。江戸時代には「浮世絵」に限らず、「浮世草子」「浮世風呂」など、「浮世」のつく言葉がよく使われていました。この「浮世」、戦国時代までは「憂世」と書かれ、「この世は憂うべき世」という意味で使われていました。

ところが、江戸時代、天下太平の時代を迎えると、「憂世」は「浮世」と表記されはじめます。そこには、平和な世の中、楽しく浮かれて暮らそうではないか、そんな意味が込められていたようです。

そして、肉筆画を含めたおもに庶民の生活を描いた風俗画を「浮世絵」と呼ぶようになりました。その始祖は、江戸初期に活躍した菱川師宣《ひしかわもろのぶ》です。肉筆画では、後述する『見返り美人図』などを描き、また「浮世絵版画」も手がけ、1670年代、「墨刷り絵」と呼ばれる白黒の版画をつくりました。当初の浮世絵は、カラフルなものではなく、墨一色刷りのモノクロ版画だったのです。

浮世絵の世界では、連作版画を「揃物《そろいもの》」と呼びますが、その出版スタイルを生み出したのも、彼でした。師宣は、それまでは、本の一部（挿絵）でしかなかった版画を本から切り離し、独立のアートに変えたのです。「浮世絵の始祖」といってもいい存在でしょう。

ただ、そこから、私たちがよく知る多色摺り、フルカラーの浮世絵になって、人気を得るようになるまでは、約1世紀の時間を要しました。そのきっかけは、浮世絵とは別のところにありました。明和年間（1764〜1772）、江戸の裕福な趣味人の間で「絵暦《えごよみ》」の交換会が流行したことが発端になったのです。

絵暦は、今でいえば、イラスト付きのカレンダーのようなもの。当時の暦（太陽太陰暦）では、毎年、何月が「大の月」で、何月が「小の月」なのか、一定していませんでした。そこで、その月の大小を知る暦が必要だったのです。そのさい、江戸の趣味人たちは、単に数字を並べるだけでは面白くないと思いはじめます。

そして、彼らは、その情報を絵に暗号のように隠し込んで楽しみはじめました。そうした暦は「絵暦」と呼ばれ、毎年、年末になると、裕福な商人や旗本らが趣向を凝らした絵暦をつくって知人に配るようになったのです。そして、優劣を競い合い、交換会まで催されるようになりました。

そのなかに、大久保忠舒という旗本がいました。彼は、絵暦交換会で大ウケする絵暦ができないかと思い、鈴木春信という、当時、売り出し中の若手絵師に目をつけます。そして、大久保は彫師と摺師も名人級を集めます。そして、このドリームチームが生み出したのが、多色摺りを可能にする木版画技法でした。

鈴木春信の手による有名な絵暦『夕立』をよく見ると、浴衣の袖に「大」「二」「三」「五」「六」「八」「十」「メイワニ」と書いてあります。つまり、絵のなかに「明和2年は、2、3、5、6、8、10月が大の月」という情報が隠されているのです。そうした遊びのため、多色摺り技法が発明されたのです。

絵暦ブームは短期間に終わりますが、それが生み出した多色摺り木版画の美しさに目をつけたのが、浮世絵の版元たちでした。まずは、趣味人たちから版木を譲り受けて、暦の部分や注文者の名前を削り、「錦絵《にしきえ》」と名づけて売り出します。以後、この技法を駆使して、浮世絵は大きく発展していくことになります。

浮世絵版画
——どうやって大量生産されていた？

そして、浮世絵は、1枚20文（400円）程度、かけそば一杯（16文程度）とさして変わらない値段で売られていました。むろん、その値段では、大量に作って売りさばかなければ、商売として成り立ちません。では、版元はどうやって大量生産していたのでしょうか。

版画の大量生産を可能にしたのは、徹底した分業制でした。版画制作の工程は、大きく次の3段階に分かれます。

1　原画を描く

2　版木に彫る

3　版木を使って紙に刷る

歌麿や写楽といった絵師たちは原画を描くだけで、あとの工程は専門の「彫師」や「摺師」が行いました。

それらの職人たちをまとめていたのが、蔦重ら「版元」です。版元は、資金調達から企画の立案、職人の手配・管理、販売に至るまで、浮世絵ビジネスの一切を取り仕切っていました。

その工程をより詳しく述べると、まず版元が企画を立案すると、注文を受けた絵師が「下絵」を描きます。

それに、版元がOKを出すと、絵師は版木に彫るために使う「版下絵」を描きます。この段階では、基本的には墨一色で描かれていました。

次いで、彫師は、版下絵をもとに、「版木」を彫ります。彫師は、一人ですべてを彫りあげたわけではありません。登場人物の顔などの重要部分は師匠格の彫師が担当し、背景や着物の柄などは若手の職人が彫りました。

そうして、最初の版「主版《おもはん》」ができると、まずは墨一色で何枚か刷って、絵師に戻します。それは「校合摺《きょうごうずり》」と呼ばれ、たとえば5色使いの絵にしたいときは5枚刷りました。

絵師は、その紙の一枚ずつに色指定を入れて、彫師に戻します。彫師は、その指示に従って、色ごとに版木を彫り分けていきます。

その版木を使って、摺師が1枚ずつ刷っていく――というような分業制度によって、浮世絵版画は大量生産されていました。

複雑な工程のようですが、現在残っている作品数から計算すると、全盛時の人気絵師たちは、2～3日に1点くらいのペースで、作品を完成させていたようです。人気絵師たちは、その短時日に構図を考え、下絵を描き、配色を指示していたわけです。

初摺
――後摺よりも、値段がはるかに高いワケ

浮世絵版画は、最初に刷ったものを「初摺《しょずり》」と呼び、多くの場合、200枚ほど

刷っていました。それが、本でいえば初版部数です。そして、その200枚を店頭に並べてみて、売れ行きがよければ、追加で何度も刷りました。それを「後摺《あとずり》」と呼びます。

ただ、浮世絵を制作するさいには、木材である版木に紙をのせて、バレンでごしごしこすって刷り上げます。当然、版を重ねるたびに、版木は磨耗していきます。版木用には硬い桜の木が使われていたものの、何百枚も刷れば、表面が磨耗し、ときには欠損します。とくに、細かな彫りの部分ほど傷みやすいため、後摺になるほど画面が荒くなり、作者の意図したニュアンスが失われていきました。

また、初摺は、原画を描いた絵師が、摺師に自らが思い描く配色を細かく指示しながら刷っていきます。しかし、後摺になると、絵師はすでにその作品から離れ、次の作品制作にとりかかっているため、色づかいが変わってしまうことがよくあったのです。

さらに、作品によっては、後摺になると、色数をへらしたり、安い顔料を使ったりすることもありました。そうした後摺は、初摺とはかけ離れた絵になることもあったのです。

そのため、今、売買されている値段も、初摺か後摺かによって大差があります。ものによっては、１００倍も値段が違う場合があるほどです。

美人画
——なぜ、みんな似たような顔をしているのか？

浮世絵には、さまざまなジャンルがありますが、つねに高い人気を誇ったのが「美人画」です。遊女や茶屋の娘を描いた錦絵が人気を博したのです。

なかでも、18世紀後半から幕末まで、時代を通じて浮世絵のモデルとなったのは、遊里の女性たちでした。当時、吉原の最高ランクの遊女に、一般庶民がお目にかかれることは、まずありませんでした。そこで、高級遊女はスター扱いされ、浮世絵の人気モデルとなったのです。

やがて、遊女だけでなく、市井の女性も美人画のモデルになります。たとえば、蔦重がプロデュースし、喜多川歌麿が描いた「寛政三美人」図では、水茶屋の難波《なにわ》屋《や》おきた、煎餅を扱う店の高島おひさ、芸者の富本豊雛《とよひな》が描かれていますが、現代の目から見ると、彼女たちの顔はひじょうによく似ています。いずれも、色白で目は切れ長、おちょぼ口と、同じような顔をしています。

ただ、当時は、それが浮世絵を描くときの基本ルールのようなものでした。歌麿をはじめ、絵師たちは、モデルに似せて描くことよりも、その時代の「共通の美女」を描くことを優先したのです。個人の特定は、画中に記す名前や持ち物によって示しました。

なにしろ、浮世絵は、数を売って成立する商売。大衆のニーズを汲み取って描かなければ、浮世絵は売れません。そこで、版元は、多くの人が求めるようなその時代の流行りの顔を絵師に描かせたのです。

むろん、江戸時代は約260年間も続いたのですから、時代によって理想とされた美人像は変化し、浮世絵の描かれ方も多少は変化しました。

たとえば、錦絵初期の鳥居清長が描いた美人画では、女性たちはみな、八頭身美人に描かれています。むろん、江戸時代に、そんな長身の女性はまずいません。その逆で、スリムで長身の女性が珍しかったからこそ、そうした美人画が生まれたわけです。

しかし、そうした空想的な図柄はやがてすたれていき、清長のやや後に現れた喜多川歌麿は、等身大の女性の姿を描き、大当たりを取ったのです。

見返り美人図
——彼女は何を振り返っているのか？

ここからは、江戸時代を代表する浮世絵の有名作品を紹介していきます。まずは、浮世絵の父、菱川師宣作の『見返り美人図』です。これは、多色摺り技法が開発されるまえに描かれた肉筆画であり、戦後初の記念切手の絵柄にも選ばれた作品です。

そこに描かれているのは、着物姿の若い女性が、後ろを振り返っている姿です。道を歩いているとき、誰かに呼び止められたのか、それとも恋人と別れるさい、名残惜しさに振り返った瞬間なのか——。

じつは、この女性は、呼び止められたわけでも、別れを惜しんでいるわけでもありません。現代の研究者によれば、その図は、流行の帯の結び方や髪の結い上げ方をはっきり見せるため、振り返る姿が描かれたのだといいます。

たしかに、見返り美人は、えんじ色の小袖を着て、帯は「吉弥結《きちや》び」にしています。それは当時の女形役者・上村吉弥《うえむらきちや》が舞台上で結んだ帯の形で、当時流行していたスタイルです。つまり、『見返り美人図』は最先端のファッション画だったのです。

この絵を含めて、浮世絵の美人画には、最先端の流行を描いたものが少なくありません。江戸の女性たちは、美人画に描かれた着物や帯の結び方、かんざしや小物を見て、最新ファッション情報を入手していたわけです。

なかには、今でいうタイアップで描かれたものもありました。たとえば、歌川国貞の作品に、大丸呉服店の前に立つ3人の美女を描いた図があります。そして、女性たちの後ろの建物には「大」のマークの入ったのれんがかかっているのです。つまり、その美人画は、女性が身につけている着物が大丸呉服店で売られていることがわかるという仕掛けになっているわけです。

美人画だけでなく、役者絵にも呉服店などとの提携作品がありました。歌舞伎役者はファッションに影響力を持っていたので、役者絵の中に店名を入れると、大きな宣伝効果があったのです。

喜多川歌麿
——蔦重が見出し、育て、稼がせた絵師の謎めく生涯

美人画の名手、喜多川歌麿は、蔦重と最も縁の深い浮世絵師です。蔦重の営んだ耕書堂の隆盛は歌麿とともにあり、寛政の改革期の出版弾圧も、歌麿とともに受けました。

その歌麿の代表作に、蔦重がプロデュースした『婦女人相十品《ふじょにんそうじっぽん》　ポペンを吹く娘』があります。図柄は、振り袖を着た娘が「ポペン」で遊んでいるさま。ポペンは、中に息を吹き込むと音が鳴るガラス製のおもちゃのことです。

このポペンを吹く娘は、振り袖を着ていることから、15歳以下とみられます。たしかに、歌麿が得意とした艶かしい美人図に比べると、まだあどけなさが残っているようです。

そのように、歌麿は、女性を繊細に描き分けることにかけては、当代一の名手でした。『ポペンを吹く娘』を含めた『婦女人相十品』シリーズは、その筆力を生か

して、女性の性格の違いを表情やしぐさ、服装などから描き分けようとした連作です。

このシリーズがとりわけ有名になったのは、歌麿が手がけた最初の「美人大首絵」だったからです。大首絵は、人物の顔を大きく、上半身のみを描いた浮世絵のこと。もともと役者絵で用いられた手法で、歌麿はその手法を美人画に応用したのです。

ここで、歌麿の人生を振り返ってみます。まず、歌麿の生年・出生地ははっきりしません。宝暦年間（１７５１〜１７６４）に江戸で生まれたと推定されていますが、ほかにも川越や京都で生まれたという説もあります。

おおむね、たしかな経歴は、若いころ、狩野派の流れをくむ鳥山石燕《とりやませきえん》に絵を習ったことくらいです。

その後、蔦重と出会い、歌麿はそのプロデュースに乗って、その才能を爆発させます。錦絵を次々と発表し、評判をとったのです。喜多川歌麿と名乗るのも、その頃からのことです。

歌麿の人気が頂点に達したのは、寛政年間、耕書堂の隆盛期と重なります。しかし、寛政年間は、前述したように、松平定信による「寛政の改革」により、出版が統制された時代でもありました。大首絵が禁止されたり、色数を制限されたりもしましたが、歌麿は規制をすり抜ける策を考え出しては、作品を発表し続けます。

しかし、1804年、ついに歌麿は『絵本太閤記』関連の錦絵を手がけたことで捕えられ、入牢3日、手鎖50日の刑に処せられます。自宅で受ける刑ではありましたが、手鎖で両手の自由を奪われるため、画家にはことさらつらい刑罰でした。

そして、歌麿は入牢から2年後の1806年に亡くなりました。享年は50前後だったとみられます。

写楽
——弾圧された蔦重が仕掛けた大勝負の結末は？

蔦重が最後に売り出そうとした絵師が、東洲斎写楽です。写楽が10か月間で描いた140作もの役者絵は、すべて蔦重の店から出版されています。

その写楽の正体は長く謎とされ、かつては「写楽の正体は歌麿だった」「北斎だった」「円山応挙《まるやまおうきょ》だった」などという「写楽別人説」が盛んに唱えられていました。

しかし、今では、その論争にもほぼ決着がつき、写楽の正体は、阿波藩お抱えの能役者「斎藤十郎兵衛」だったという説で、論争はひとまず落着きをみせています。

この斎藤十郎兵衛説自体は古くからあって、最初にこの説を唱えたのは、ユリウス・クルトというドイツ人でした。ただ、クルトが1910年に書いた著書『SHARAKU』には、事実誤認もあったため、かつては斎藤十郎兵衛説は信憑性が低いとされていました。

ところが、その後、斎藤十郎兵衛という人物が実在した記録や、彼がいた江戸八丁堀に「写楽斉」という浮世絵師がいたことなどがわかり、まだ異論は残るものの、クルト説の正しさがほぼ証明されることになったのです。

また以前から、写楽の絵から判断しても、他の有名絵師が写楽という名で描いたものではなく、無名の人物が描いた可能性が高いとはみられてきました。写楽の絵からは、ある種の「素人くささ」が感じとれるからです。

たとえば、有名な『三代目大谷鬼次《おおたにおにじ》の江戸兵衛』を例にとると、誰が見ても左手のデッサンは間違っています。むろん、この絵の面白さは、大きく開かれたその手の迫力にあるのですが、そのような不自然な描写をするところにも、この絵師の素人臭さが感じとれるのです。

写楽は1794年5月、蔦重のプロデュースで、一気に28枚の役者大首絵を出してデビューします。当時、役者絵の売れ行きは厳しい時期で、年平均20〜30点が出版されるにとどまっていました。しかも、それらの役者絵は、コストの高い雲母摺《きらずり》(雲母の粉を溶いて摺ったもの)でした。むろん、莫大な資金を用意した蔦重としても、のるかそるかの大勝負でした。しかし、この写楽と蔦重のチャレンジは、失敗に終わります。写楽の絵は、あまり売れなかったのです。

写楽は、歌舞伎役者を描く「役者絵」専門の絵師であり、その役者絵の主力購買層は歌舞伎ファンでした。当時の歌舞伎の花形役者は今でいうスーパースターであり、役者絵に描く場合は「美しく描くのが当然」という暗黙の了解がありました。しかし、写楽の絵はそうした常識から外れ、誇張やデフォルメに溢れています。役者を美化しない絵は、歌舞伎のファン層に受け入れられなかったのです。

そのため、写楽の名は、今は世界的に知られていますが、彼の生きた江戸時代には、さほど知られた名前ではなかったのです。

写楽の役者絵のうち、最も高い評価を受けているのは、第1期の大首絵です。しかし、売れ行きは芳しくなかったのでしょう。おそらく、蔦重の指示もあって、第2期からは写楽は大首絵を描かなくなり、全身像を手がけるようになります。そして、写楽の絵は凡庸なものになっていきます。写楽の作品は、年代順に第1期から第4期まで分類されますが、第1期の大首絵にみられる勢いや輝きは、第2期以降の作品110枚余りにはほとんどみられません。

そして、写楽の絵は、ますます売れなくなったとみられます。蔦屋は儲かるどころか、赤字に陥ったと推定する研究者もいます。売れない絵描きが消えていくのは当然の話です。かくして、写楽は表舞台から姿を消します。その活動期間は、わずか10か月間でした。

富嶽三十六景（葛飾北斎）

――三十六景のはずが46枚ある裏事情

美人画、役者絵、相撲絵が3大ジャンルだった浮世絵の世界に、葛飾北斎は「風景画」という新ジャンルを確立しました。

北斎が多数描いた風景画のなかでも、とくに人気があるのが、『富嶽三十六景』シリーズの『神奈川沖浪裏《なみうら》』と『凱風快晴《がいふうかいせい》』の2作品です。『神奈川沖浪裏』は、大波をダイナミックに描き、『凱風快晴』（いわゆる「赤富士」）は赤々と染まる富士山を雄大に描きました。

『富嶽三十六景』は、1831年前後に出版された「揃物」です。揃物は、ひとつのテーマに沿って複数の版画をつくるシリーズ版画。『富嶽三十六景』は富士山が通底するテーマなので、どの絵にもかならず富士山が登場します。

ところが、この揃物、「三十六景」とうたっているのに、シリーズ全体の版画は46枚もあります。枚数が合わないのは、どうしてでしょうか。

それは、この揃物が人気を博したため、予定を変更して、枚数を増やしたからです。各版元は、揃物を出すときは、売れ行きを見ながら、順次出版していきました。そして、人気が出て当初予定した枚数を超えることもあれば、その逆に売れ行き不振で予定よりも枚数が減ることもあったのです。

『富嶽三十六景』の場合は、当初は36枚で完結する予定でしたが、人気を博したため、さらに10枚追加されたというわけです。

これは、当時はよくあったことで、歌川広重の『名所江戸百景』に至っては、当初の予定を大きく超えて120枚もつくられました。

ここで、葛飾北斎の生涯を振り返ってみます。北斎は、蔦重よりも10歳ほど若く、1760年、江戸の本所割下水《ほんじょわりげすい》（今の東京都墨田区）に生まれました。

今、北斎という名は世界的に知られていますが、この絵師が「北斎」と名乗ったのは、彼の長い人生の中の短い期間に過ぎませんでした。19歳で勝川春章に入門した頃には、勝川春朗《しゅんろう》と名乗り、勝川派を去ってからは、俵屋宗理《そうり》に改名しています。この頃、蔦屋に出入りしていましたが、まだ大きな作品は残していません。その後も、北斎は改名を繰り返し、戴斗《たいと》、為一《いいつ》、画狂老人卍《まんじ》など、計三十数種類の名を名のりました。

彼が、それほどの回数、改名を繰り返したのは、弟子に名前を譲っては謝礼をもらっていたからという説があります。北斎は多作であり、画料も人一倍もらっていたはずですが、放蕩者の孫の尻拭いをしていたこともあって、金銭的に不自由することが多かったのです。

もうひとつ、北斎をめぐるエピソードに、93回も引っ越したという話があります。北斎は、絵を描くことに集中するあまり、日々の暮らしにはまるで無頓着な人でした。そして部屋が荒れ放題になると、掃除するのではなく、引っ越したというのです。

ただ、引っ越しといっても、その転居先は現在の墨田区、江東区、台東区と生まれた場所の近くばかり、葛飾周辺の狭い範囲を転々としていました。

北斎が遠くへは引っ越さなかったのは、北斎が妙見信仰の熱心な信者で、柳島の妙見堂にお参りを絶やさなかったからだという説があります。

引っ越し先が葛飾近辺に限られているのは、妙見堂のそばを離れたくなかったからとみられるのです。

そういう暮らしのなか、北斎は、浮世絵のほかに、読み本の挿絵、役者絵、肉筆画などを手がけ、生涯で3万点ともいわれる作品を残しました。

そして、北斎が90年におよぶ長大な人生を閉じたのは、ペリー来航4年前の1849年のこと。浅草遍照院境内の長屋で、最期のときを迎えました。

東海道五十三次
——広重が6本指の登場人物を描いた謎

北斎が開いた「風景画」というジャンルで、次に大当たりをとったのが、歌川広重でした。1833年（天保4）、『東海道五十三次』シリーズを出版し、旅行ブームにも乗ってヒットを飛ばしたのです。彼は、蔦重が息を引き取った年に生まれていますから、蔦重との直接の縁はありません。

さて、『東海道五十三次』シリーズのなかには、数枚、奇妙な絵が存在します。どういうわけか〝6本指の人物〟が描かれているのです。

それを出版から150年間を経た1984年に発見したのは、慶応大学名誉教授だった西岡秀雄氏。西岡氏は『東海道五十三次』を見るうち、まずシリーズ12番目の「三島」に、おかしな人物がいることに気づきました。その人物（かご人足）の足を拡大してみると、足の指が6本あったのです。

その後、日本橋から京都三条大橋まで、『東海道五十三次』シリーズの55枚の絵をルーペで確認していくと、「三島」のほか、「日本橋」「戸塚」「藤枝」「御油《ごゆ》」「水口」「赤坂」の計7枚の画面に〝6本指の人物〟が登場していることがわかりました。広重が〝6本指の人物〟を描いたのは、なぜでしょうか。

その理由をめぐっては、「贋作を見破るための工夫だった」という説があります。とはいえ、当時、浮世絵1枚の値段がかけそば一杯程度だったことを考えると、わざわざ贋作防止をする必要があったのかという疑問は残ります。

他には、広重の一種のシャレなど、いろいろな説がありますが、決定的な説はなく、広重が描いた6本指の謎は今も解明されていません。

ここで、歌川広重（1797～1858）の人生を振り返ると、江戸の定火消《じょうひけ》し同心をつとめる安藤家に生まれて、本名は安藤重右衛門《じゅうえもん》。そこから「安藤広重」と呼ばれることもありますが、彼自身がそう名のったことはありません。13歳で家督を継ぎますが、26歳頃、本家筋の子供に家督を譲り、その後見をつとめながら、絵師の仕事をはじめます。しかし、役者絵、美人画、花鳥図などを手がけ、試行錯誤を重ねるものの、ヒット作は生み出せません。

35歳の頃から絵師に専念し、風景画に取り組みます。風景画は、浮世絵のなかでさほど人気のないジャンルでしたが、葛飾北斎が旅ブームに乗って『富嶽三十六景』（1831〜1834）をヒットさせて、新興のジャンルになっていたのです。そして、その1年後、『東海道五十三次』シリーズを発表し、人気絵師の仲間入りをします。その後、『名所江戸百景』など、約2万点の絵を手がけたとみられます。亡くなったのは、黒船来航から5年後の1858年。死因はコレラとみられます。そのころ、外国から持ち込まれ、江戸で大流行していたのです。

ベロ藍
——浮世絵を変え、傑作を生み出した化学染料

浮世絵が庶民の間で流行したのは、墨一色だったものが、18世紀後半、多色摺りへと変わったことが、大きな転機になりました。

その後、多色摺りが当たり前になると、事の成り行きとして、より鮮やかな色が求められるようになります。その需要に応えて、文政末期から天保元年にかけて、画期的な染料が輸入されます。「ベロ藍」と呼ばれるその染料の登場によって、「青」

の表現がひときわ鮮やかなものへ変化したのです。

葛飾北斎の『富嶽三十六景』は、ベロ藍の鮮やかな青を駆使した傑作第1号でした。三十六景のなかには「藍摺絵《あいずりえ》」と呼ばれるベロ藍の濃淡だけで摺った浮世絵が10図も含まれています。

ベロ藍は、18世紀初頭、ドイツのベルリン付近で発明された化学染料のこと。日本では、「ベルリンからやってきた藍」なので、「ベロ藍」と呼ばれるようになったとみられます。

ベロ藍の登場以前、浮世絵の青の染料といえば、「本藍」か「露草」のいずれかでした。本藍は、蓼藍《たであい》という草を発酵させて作られたもの。一方、露草は、露草の花の汁を紙に染み込ませたものでした。露草を使うと、透明感のある藍色に描けましたが、湿気に弱く、すぐに色あせるという難点がありました。

その点、化学染料のベロ藍は、それまでにはなかった鮮やかさを表現できるうえ、薄く用いても濃く用いても、美しく発色し、色落ちもしませんでした。要するに、色鮮やかなうえ、扱いが簡単だったのです。

ベロ藍は、すでにヨーロッパではよく使われていた染料で、オランダを通じて、日本へ入ってきました。そして、浮世絵師たちが、この化学製品を使うようになったのです。

春画
――江戸の人々が春画を買った意外な目的

浮世絵には、美人画、役者絵、相撲絵、風景画のほかに、もうひとつ人気のジャンルがありました。「春画」です。

「春画」というと、今の感覚では、マニアがこっそり楽しむワイセツな作品というイメージがありますが、江戸時代には、老若男女を問わず、多くの人々から親しまれたポピュラーなジャンルでした。春画は「笑い絵」とも呼ばれ、絵草子屋（本屋）の店頭に、公然と並べられていたのです。

有名な絵師の多くも、春画を手がけています。菱川師宣にはじまり、喜多川歌麿、葛飾北斎、歌川国芳など、名だたる絵師たちが春画を手がけ、作品にはきちんと自分の名を入れていました。

そうした春画を買うお客には、自慰目的の者もいましたが、それ以外の目的で購入する人も大勢いました。春画は「火避図」とも呼ばれ、「持っていると、火事にあわない」といわれていたからです。他に、「箪笥に入れておくと、虫がつかない」など、さまざまな効用がささやかれ、春画は一種の呪具として利用されていたのです。

また、性教育のため、親が嫁入り前の娘に買い与えることもありました。

そうした春画は、むろん性をテーマにしていますが、男女の営みをリアルに描いた絵とはいえません。別名「笑い絵」と呼ばれたように、その図柄には、笑いや遊びの要素が織り込まれていました。

登場人物はデフォルメされ、とりわけ極端に誇張されていたのが男根です。登場する男性はいずれも巨根の持ち主で、「張形」さえも巨大に描かれています。それで、見る人がクスッと笑えば、笑い絵としては成功というわけです。

また、男根が大きく描かれた分、それを受け入れる女性器も大きく描かれました。一方、今の感覚からすると、乳房の描写はおざなりで、春画にはバストに焦点を当てた絵はほとんど存在しません。老婆のように乳房が垂れ下がっていたり、全裸なのに乳が描かれていなかったりするのです。

もっとも、江戸時代の女性は、人前で平気で乳房を出し、授乳していました。どうやら、江戸の人々にとっては、乳房は子育ての道具であり、性的な魅力に乏しい存在だったようです。

その春画に近いジャンルの絵に「あぶな絵（危な絵）」がありました。「あぶな絵」は、好色的なテーマを扱った浮世絵という点では春画と同様ですが、春画が性を露骨に描写したのに対し、あぶな絵は見えそうで見えないチラリズムを持ち味としました。

あぶな絵には、一見したところでは日常的な場面が描かれています。そのなか、女性の着物の裾が風にあおられて乱れたり、湯上がりの女性のはだけた着物から、裸体が見えそうで見えない――そんなチラリズムで読者の興味をひいたのです。そんな、ちょっとあぶない美人画が、春画とは異なるジャンルとして確立していたのです。

3章 吉原と岡場所

吉原1
——どんな経緯で吉原は幕府公認になった?

蔦屋重三郎は、前述したように、廓町の吉原に生まれ、駆け出しの編集者として、最初のヒットを飛ばしたのも、吉原のガイドブックでした。そして、後に喜多川歌麿を見いだして、吉原遊女をモデルに数々の美人画、風俗画をプロデュースし、大当たりをとりました。

この章では、蔦重と切ってもきれない関係にあった「吉原」とは、どんな町だったのか?——その成り立ちや仕組み、そして遊び方について紹介していきましょう。

まず、吉原の歴史を振り返ると、その歴史は古く、江戸初期にまでさかのぼります。それ以前から、江戸の町に遊女屋はあり、1612年(慶長17)、庄司甚右衛《しょうじじんえ》門《もん》という人物が、遊女屋の仲間たちとともに、「江戸に遊女屋を一か所に集めた遊女町をつくりたい」と幕府に陳情したのです。

庄司甚右衛門らが遊女街の設置を願い出たのは、むろん自分たちの利益を図るのが目的でした。当時の江戸は都市建設の真っ最中で、町の拡張にともなう所替《ところがえ》や屋敷替が頻繁に行われていました。そのたびに、遊女屋は移転を強いられ、落ちついて商売ができなかったのです。そこで、幕府公認の遊女町があれば、引っ越しをしなくてすむ、と考えたのです。

当初、幕府はこの陳情を却下しますが、5年後の元和3年（1617年）、いくつかの条件をつけたうえで、遊女町の設置を許可します。幕府が遊女町の設置を認めたのは、「遊女屋を一か所に集めたほうが、風紀上、取り締まりやすくなる」という狙いがあったようです。

そもそも、徳川家康が江戸に幕府を開いてから、江戸には諸国から多数の人々が流入してきました。その多くは男性で、江戸の男女比のバランスは大きく崩れていました。同時に、遊女屋も増え続けていました。幕府は、それならば、いっそのこと、遊女町をつくり、そこに遊女屋を集めたほうが管理がしやすい、と考えたのです。

こうして、幕府と庄司らの利害が一致し、幕府公認の廓町が生まれることになりました。それ以前は、江戸各所に散在していた遊女屋が、まずは日本橋に集められ、公認の廓町となったのです。

その40年後の1657年、日本橋の廓町が明暦の大火で全焼し、幕府は浅草近くの今の吉原（新吉原）に遊廓を移転します。現在、一般に「吉原」と呼ばれているのは、この「新吉原」のほうで、日本橋にあった当初の吉原は「元吉原」と呼ばれます。

日本全国を見渡すと、吉原のような廓町は、そう珍しいものではなく、大坂や京都、長崎などにも廓町がありました。ただ、吉原は、その規模で群を抜いていました。敷地面積は約2万坪、遊女の数は時代によって変わりますが、2000人から4000人の遊女がいたとみられます。

吉原2
――その料金体系はどうなっていたのか

そんな吉原には、多様な店がそろっていました。1796年発行の吉原の案内書『吉原細見』によると、当時の吉原には、「大見世」と呼ばれた高級店が10軒、「中見世」と呼ばれた準高級店が29軒、「小見世」と呼ばれた大衆店が22軒あり、「小見世」よりもさらに大衆的な「切見世《きりみせ》」や「河岸見世」と呼ばれる店が数軒あったとあります。

料金は、店舗のランクによって変わり、まず大衆店の小見世は「1分」以下。「1分」は「1両」の4分の1なので、現在の価値に換算すると2万円ほどです（なお、本書では、1両＝8万円、1両＝4000文、1文＝20円で換算しています）。

準高級店の中見世は「2分」ほどで、現在の価値に換算すると4万円ほど。さらに、「切見世」では四半刻（約30分）なら、今の金額で数千円程度でした。

一方、高級店の「大見世」の料金は天井知らず。大見世には、吉原全体の看板でもあり、浮世絵のモデルにもよくなった「太夫《たゆう》」と呼ばれる最上級の遊女がいました。太夫たちは、他人の目を引く容姿に加え、茶道、香道、俳句、囲碁などの教養を身につけていました。吉原に数千人の遊女がいるなか、太夫はほんの10人足らず。彼女たちと遊ぶには、たいへんな資金が必要でした。

太夫と床入りするまでは、3回足を運ぶ必要があったのですが、その手順はどのようなものだったのでしょうか。

まず、吉原の大門《おおもん》をくぐったあと、「大見世」に直接行くのではなく、揚屋《あげや》（現在の料亭のような店）に上がり、宴席を設け、芸者や幇間を呼んで遊びます。そのとき、揚屋の女将はそのお客の懐具合や遊びぶりを見定めています。そして、女将のお眼鏡にかなえば、目当ての太夫を呼んでもらえます。

呼ばれた太夫は、妹女郎たちを従えて揚屋へやってきます。しかし、やってきたからといって、すぐに寝床へ、というわけではありません。その日は杯を交わすだけで、お開き。これを「初回」と呼びます。

遊女がお客を気に入れば（お客が遊女をではないことに注意）、日を改めて2回目の宴席がもたれます。これを「裏を返す」と呼びます。

3回目になって「馴染み」となり、お客はようやく太夫と朝まで過ごすことができたのです。

むろん、そこに至るまでの宴席代、お供の者へのご祝儀などは、すべてお客の負担でした。馴染みとなると、太夫と床入りするための寝具を新調する必要もありました。そうした経費をすべて含めると、今の金額にして500万円以上はかかりました。むろん、庶民に手が届くはずもなく、太夫クラスと遊べるお客は、大名や豪商のようなセレブに限られていました。

客層
——時代によって「太客」はどう移り変わったか？

江戸時代は約260年間も続いたので、吉原に通った客層は、時代によって変わりました。その客層の変遷を見れば、江戸という都市の発展の様子も見えてきます。

まず、江戸初期、できたてほやほやの吉原をささえたのは、下級武士たちでした。当時の江戸には、参勤交代制がスタートしたことで、単身赴任の武士があふれていました。吉原は、まずはそうした侍のための廓町として発展しました。

ところが、武士の時代はそうは長く続かず、元禄期（1688〜1703）になると、吉原をささえる顧客層は武士から富裕な商人へ移りはじめます。当時は、天下太平の世が確立し、経済が成長・安定していた時代でした。江戸経済の発展とともに、武士よりも新興ブルジョワといってもよい商人たちが経済的な力を持つようになったのです。

とりわけ、元禄期の豪商たちの遊び方は、豪快のひと言でした。「吉原に行く途中、そば屋に立ち寄り、そばをすべて買い占め、そのそばを配りながら、吉原に向かった」といったお大尽ぶりを伝える逸話が多数伝わっています。

やがて、18世紀も半ば、蔦屋重三郎が生まれた頃になると、吉原の客層はまた変わります。一般の町人たちが台頭してきたのです。江戸中期までの吉原は、武士や富裕な商人たちのための場であり、庶民には吉原通いなど難しい話でしたが、江戸経済の発展に伴い、庶民もある程度の経済力を身につけたのです。吉原のほうでも、その新興層を顧客に取り込むため、しきたりを簡略化、料金を多少安くするなど、大衆化を図ったのです。

太夫
――最高級遊女たちのかくも忙しい1日

太夫、そしてそれに続くランクの高級遊女たちの1日は、なかなかハードでした。

まず、朝、目を覚ますのは、お客との床のなか。午前6時頃、若い衆の「お迎えに参りました」という声がけで目を覚まし、泊まりの客を送り出すのが、その日の最初の仕事でした。

それからは、自分は寝床に戻って体を休めたのですが、いつまでも寝てはいられません。10時には朝食をとって入浴、風呂から出たら、早くも化粧と着付けにとりかかりました。

太夫たちの場合、化粧をするのは顔だけでなく、背中を含め、上半身全体を白く塗りました。下半身も爪先から膝まで白粉を塗りました。そのため、地肌に下地を塗りはじめてから着物を身につけるまで、ゆうに一刻（2時間）はかかったのです。

着付けが終わったら、次は手紙をしたためました。宛て先は、むろんお客、今でいう「営業メール」にあたるものを書いたのです。

午後4時には、豪華な衣装を身にまとい、大勢のお供をつれて、吉原の町に出ました。それが「花魁《おいらん》道中」です。彼女らは、一歩一歩ゆっくりと足を踏み出しつつ、着物の裾を蹴り上げる「外八字歩き」という独特の歩き方で、ゆっくりと吉原の大通りを進みました。

午後6時ごろには、座敷に上がり、その日のお客を迎えます。酒の相手をした後、馴染みの客の場合は、お客とともに床に入り、相手をしてから眠ります。ただ、横にお客が寝ているので、ぐっすりと眠るわけにはいきませんでした。

遊女言葉
——美女の方言丸出しを隠すために作られた「ありんす言葉」

吉原には「ありんす言葉」と呼ばれる独特の言葉がありました。吉原の遊女たちが、語尾を「〜でありんす」と締めくくったことから、そう呼ばれるようになりました。「ありんす言葉」は「里言葉」とも呼ばれましたが、里言葉は、同じ吉原で働く女性でも、芸者は使わず、遊女だけが使いました。

遊女が里言葉を使ったいちばんの目的は、素性や出身地を隠すためでした。地方から売られてきた娘には、お国訛りが強い者が数多くいました。色街は夢を売るのが商売なのに、田舎の訛り丸出しの遊女が出てきたら、お客は興ざめしてしまいます。そこで、方言を隠すため、独特の言葉が使われるようになったのです。

ありんす言葉では、一人称、二人称も独特で、遊女は自分のことを「わっち」「わちき」、お客のことは「ぬし」と呼びました。これらは武士言葉からきたもので、里言葉には男言葉を語源とするものが数多くありました。

そうした里言葉は覚えるのも大変で、また年季があけたあと、抜くのも大変だったようです。「里言葉習うも抜くも一苦労」という古川柳が残っていますが、これは里言葉は覚えるのも、また吉原を去ったあと、使わないようにするのも大変だったという事情を伝えています。

じっさい、遊女をやめたあとも、うっかり里言葉を口にして、過去に吉原にいたことが周囲にわかってしまうという女性もいたようです。

年中行事

——吉原のお店はどうやってイベントを盛りあげた？

現代の高級クラブやキャバクラでも、1月は新年のお祝い、2月は豆まき、3月は桃の節句というように、毎月なんらかのイベントを組んで、集客につとめています。その日に向けてなじみの客にメールや電話を入れて、来店を願うわけですが、それと同じようなことが、江戸時代の吉原でも行われていました。

吉原も、1月が2日から7日までがお年賀、2月は初午《はつうま》、3月は花びらき、5月は節句、7月は七夕祭と、やはり毎月のように行事が用意されていたのです。

そして、その日、お客を呼べない遊女は、「身揚がり」といって、自分で自分を買って揚代を帳場に渡さなければなりませんでした。そのため、遊女たちは、なじみの客にせっせと手紙を書いて、来てくれるように頼んだのです。

そうしたイベントに吉原全体で取り組んだので、行事の日は、吉原にはお客がひしめき、売り上げはふだんの2倍、3倍にアップしました。ただ、お客のほうは大変で、心付けをはずんだり、贈り物がないと野暮と呼ばれることになりました。

遊女

——吉原をめぐるお金の流れはどうなっていた？

江戸後期、吉原は「遊女3000人」といわれたほど、大勢の遊女がいました。

そうした遊女たちは、どんな流れで置屋《おきや》にたどりついたのでしょうか。

『遊女抱入帳』という記録によると、平均すれば、現在の貨幣価値にして60万円ほど、おおむね12歳前後で買われてきました。

ただ、器量によって差はあり、16歳のやすという美少女は、仕入れ値が今の金額にして300万円だったという記録が残っています。

もっとも、そんな高値で仕入れても、太夫に育て上げれば、一晩に100万円以上は稼いだので、三晩もあれば妓楼は元が取れたというわけです。

さらに、そうした太夫を身請けしたいという客が現れれば、妓楼はさらに儲かりました。鳥山検校という人物が、松葉屋の瀬川を身請けしたときには、置屋に約9000万円を支払ったと伝わっています。

吉原大門
――外界とは遮断された世界への唯一の入口

吉原遊廓は、前述したように、当初は今の日本橋にあり、1657年（明暦3）

の明暦の大火で類焼し、浅草に近い現在の台東区千束《せんぞく》に移されました。その「新吉原」は、縦220メートル×横330メートル四方の一画で、周りを堀で囲まれていました。出入りできるのは「吉原大門」と呼ばれた1か所だけで、外界とは遮断されていました。遊女の逃亡を防ぐためです。

その吉原大門を入ると、すぐ左側に「面番所《めんばんしょ》」があり、同心が手下の岡っ引きを従えて詰めていました。番所の向かいには、吉原町の会所があり、「四郎兵衛番所」と呼ばれていました。

ある時期、大店の三浦屋の番頭、四郎兵衛が常勤し、出入りする女性に目を光らせていたことから、その名がつきました。

吉原では、遊女以外の女性も大勢働き、廓外の女性も、用事があれば、大門から中へ入りました。逃亡をくわだてる遊女は、そういう女性に変装して大門を出ようとしたからです。

そのため、一般の女性が大門から入るときには、四郎兵衛番所に寄って証明書をもらい、大門を出るときも、その証明書を示す必要がありました。

火事

――吉原の火事を本気で消すのは、馬鹿といわれたワケ

吉原は何度も火事で全焼しています。ただ、吉原の火事に限っては、火消したちは真剣には消火活動にあたりませんでした。それどころか、吉原の火事を本気で消すのは馬鹿とまでいわれていたのです。吉原は焼けるたびに、妓楼をはじめ、材木商、火消し、役人まで大いに儲かったからです。

吉原は、全焼すると、復興するまで、幕府に代替地を与えられ、そこで仮営業を行いました。すると、その間は、税金を納める必要がなかったうえ、バラック経営なので経費をおさえられました。一方、お客の払う代金は通常時と同じだったので、妓楼の主人らにとっては、ひじょうにおいしい商売ができたのです。

また、復興のためには、大量の材木が必要なため、深川木場あたりの材木商も大儲けできました。火消しは、そういう楼主や材木商から謝礼を渡され、真剣に消火活動しないように頼まれていたのです。そして、役人も、そうした不正に対して、

見て見ぬふりをしました。楼主や商人から賄賂が届いていたからです。

というわけで、火事で泣くのは、逃げ遅れた遊女とお客くらい。そうした吉原という悪所の火事のことを庶民たちは「悪火《あくび》」と呼んでいました。

岡場所
――人気では、吉原を上回るほどだった事情

これまでお話ししたように、吉原は料金が高いうえ、しきたりも厳しい場所でした。そこで、江戸の町には、比較的低料金で、格式張ることなく遊べる遊女屋が多数あって、そうした店が集まった場所は「岡場所」と呼ばれていました。

吉原と岡場所のいちばん大きな違いは、吉原が幕府公認の遊廓街で、岡場所は幕府非公認の私娼街という点です。なお、岡場所の「岡」は「岡目八目」「岡惚れ」などというように、「脇」「外」などという意味です。

岡場所は、全盛期には、江戸市中に70か所近くもありました。吉原は、幕府の都市計画にもとづいて作られた遊女街でしたが、岡場所は都市計画などお構いなしに、

江戸のあらゆるところに建てられたのです。

　そうした岡場所には、いろいろなタイプの遊女がいました。なかには吉原で年季があけても、田舎にも戻れず、身請けされず、やむなく流れてきた女性もいました。江戸末期には、そうした岡場所と吉原、合わせて約５７００人の遊女がいたという試算があります。

　江戸は、女性よりも男性の多い町だったので、約１００万人の人口を男女比６対４で計算すると、女性人口は約40万人。すると、女性に占める遊女の割合は、１・４％、つまり女性の70人に1人は、遊女だったという計算になります。それほど、江戸に多かったのは、江戸に独身男性が多く、それだけの需要が存在したということです。

　ここで、岡場所のあった場所をあげると、深川仲町、佃、常盤町、谷中、根津、音羽、市ヶ谷、鮫ヶ橋、赤坂、三田などなど。要するに、江戸市中のいたるところに岡場所がありました。「江戸四宿《ししゅく》」と呼ばれた宿場町、品川、内藤新宿、板橋、千住にも、岡場所がありました。

　幕府は、岡場所の存在を基本的には黙認していましたが、三大改革期などを中心に、ときおり取り締まりを行いました。寛政の改革（1787〜1793）では、ほとんどの岡場所がとりつぶされ、天保の改革（1841〜1843）でも、大半の岡場所がいったんはつぶされました。しかし、そういう取り締まりの厳しい時期を過ぎると、岡場所はしぶとくよみがえります。結局のところ、岡場所が完全になくなることはなく、明治以降も私娼窟として生き残りました。

飯盛女 ——幕府が「1軒に2人まで」というハンパな政策をとった思惑

「飯盛女《めしもりおんな》」は、宿場町の旅籠で働く女性従業員のこと。飯盛女の本来の仕事は、その名のとおり、お客の食事を給仕することでしたが、実態はそうではありませんでした。実際には、旅籠の専属娼婦だったのです。

宿場町には多数の旅籠が建ち並んでいました。その競争に勝ち抜くため、飯盛女を置いたのです。そうして、宿場町は遊廓のような様相を呈しはじめました。

幕府は、多少のことは大目にみていましたが、度が過ぎると取り締まるようになり、やがて飯盛女は1軒に2人までというお触れを出しました。

幕府がそのような規制を行ったのは、飯盛女を置く旅籠の人気が、幕府公認の遊里、吉原の脅威となったからです。

吉原の遊女屋は、営業を公認されている代わりに、幕府に「冥加金《みょうがきん》」という名の献上金を納めていました。そうした公認の遊廓が、旅籠に押されてさびれると、幕府には「冥加金」が入ってきにくくなります。吉原の遊女屋も「冥加金を納めているのだから、旅籠をなんとかしてくれ」と幕府に泣きついてきます。そこで、幕府は規制に踏み切ったのです。

それなら、いっそのこと、全面禁止にすればよかったようにも思えますが、幕府には旅籠の経営を守ることも必要でした。もともと幕府が、旅籠が飯盛女を置くのを大目にみた背景には、各宿場に伝馬《てんま》（幕府御用などのための人馬）を置くことを義務づけ、その経費を負担させていたという事情があったのです。旅籠は、伝馬などの仕事も担っていたので、幕府にとっても必要な存在だったのです。

とりわけ、江戸の玄関口にあたる四宿（品川、内藤新宿、板橋、千住）では、この伝馬の費用がかさみました。それで「1軒につき2人」という中途半端な規制をかけて、幕府は吉原と旅籠の共存を図ったのです。

品川宿
――吉原の最大のライバルとなった事実上の遊廓街

吉原の最大のライバルは、東海道五十三次の第一の宿場の品川でした。品川は、吉原と江戸の〝夜の覇権〟を争っていたのです。

品川は宿場町でしたので、その旅籠でお客をもてなしていたのは、「飯盛女」たちです。史料によると、1764年（明和元）、品川には93軒の旅籠があり、総勢500人の飯盛女がいたとあります。また、1843年（天保14）、幕府が品川の旅籠を取り締まったときには、飯盛女の数は1348人にのぼったとあります。幕府の1軒につき飯盛女2人という規制は、品川では、まるで守られていなかったわけです。

それは、幕府が、品川や内藤新宿など、「四宿」と呼ばれた江戸近くの宿場にかぎっては、その規制をはずすことがあったからです。そこで、品川宿には、最大時には吉原に迫る1500人近い飯盛女がいたといわれています。

品川は宿場だったので、品川で遊んでいたのは、江戸に出入りする旅人だったようにも思えますが、実際に品川で遊んでいたのは、江戸に住む江戸っ子たちでした。当時、町人の人口が多かった下町と、品川の距離は、せいぜい10キロ以下です。江戸っ子たちは、旅人の見送りや出迎えを口実にして、せっせと品川に通っていたのです。

幕府は、何度も品川を取り締まりましたが、実効はありませんでした。取り締まりの直後は勢いが衰えても、すぐに復活し、品川には遊客があふれたのです。結局、幕末まで、品川は吉原の強力なライバルとして栄え続け、高杉晋作ら長州藩士を含め、幕末の志士にも多数のお得意様がいました。

湯女風呂
——江戸初期、大当たりをとりながら、やがて消えるまで

江戸初期に一世を風靡《ふうび》したのが「湯女《ゆな》風呂」でした。

湯女風呂は、表向きは風呂屋でしたが、湯女による性的サービスを受けることができました。吉原よりも敷居が低かったことから、単身赴任の侍や町人らの支持を得て、大繁盛しました。

そのサービスは、まず風呂場で、湯女が垢を落としてくれ、風呂から上がると、座敷風の場所で、酒や料理を楽しんだうえ、性的サービスを受けられました。

湯女の1人、今の神田淡路町付近にあった「丹前風呂」の勝山という女性は、目の覚めるような美人だったうえ、教養もあり、唄も上手だったと伝わります。

ただ、湯女風呂の繁盛ぶりは、長くは続きませんでした。幕府から「風紀上問題あり」とされ、湯女の数を「1軒につき3人」と制限されたのです。それまで、各湯女風呂には、1軒につき20人程度の湯女がいたのですから、たった3人ではとても経営が成り立ちません。その厳しい制限の背景には、吉原の遊女屋の経営者らが、幕閣に手を回したとも推測されています。

そうして湯女風呂は徐々に姿を消していき、やがて元禄の大火で、ほとんどの店が焼けてしまい、このスタイルの実質的な遊女屋はほぼ消滅することになったのです。

陰間茶屋
——男色を売りものにする店をこう呼ぶワケ

江戸には、男色を売りものにする店もあり、「陰間《かげま》茶屋」と呼ばれました。江戸にそうした店が生まれたのは、江戸初期の元和年間（1615〜1624）のこととみられます。以後、陰間茶屋は各地に設けられ、なかでも日本橋芳町の茶屋が有名でした。

そうした店で、男娼をつとめたのは、最初のうちは「陰間」と呼ばれる若い歌舞伎役者の卵たちでした。彼らは、役者としては、舞台の照明を浴びることができず、いつも「陰間」にいます。そこから、「陰間」と呼ばれるようになったのです。ただ、陰間茶屋が増えてからは、歌舞伎とは関係のない男娼が増えていきます。

陰間がお客をとれたのは、12〜18歳くらいの少年の間だけでした。成人し、体が大きく、骨格が太くなると、男色家から敬遠されたのです。陰間の揚代は1分で、現在の価値にすると2万円ほど。中級の遊女の相場と、同様の料金でした。

そうした陰間茶屋の上得意だったのは、参勤交代で江戸に上ってきた単身赴任の武士と、女性と交わることを禁じられた僧侶でした。なかには気に入った陰間を身請けして、住居をともにするものもいたようです。

夜鷹
――路上に立つ娼婦を鳥にたとえたのは？

江戸時代、夜道に立って、男性に声をかける娼婦もいました。「夜鷹」と呼ばれる娼婦たちです。彼女たちが、なぜ「夜鷹」と呼ばれるようになったかをめぐっては、いくつかの語源説があります。

まずは、彼女らの働き方と鳥の夜鷹（夜行性の中型の鳥）の習性が似ているからという説です。鳥の夜鷹は昼間は林の中にひそみ、夜になると現れて、エサをとります。そうしたパターンが、夜道で客を引く娼婦と同様であることから、そう呼ばれるようになったというのです。

第二の説は、娼婦らの「ちょいとちょいと」と、お客を引く声が、鳥の夜鷹の

「ちょっちょっ」という鳴き声に似ていたからというものです。

芸者遊び
——お座敷では、どんな遊びをしていたのか

吉原や岡場所などでは、お茶屋で、お座敷遊びを楽しむお客が多数いました。最初のうちは富裕層、のちには庶民も小金を貯めては、芸者をあげて遊ぶようになったのです。その様子を再現すれば、以下のような具合でした。

宴会の最初のうちは、芸者が披露する音曲に耳を傾けつつ、お客は一献傾けます。やがて酒が進んでくると、お客が「じゃ、ここらで私も」といった調子で、長唄などの〝持ち芸〟を披露しはじめます。そのために、お客には師匠のもとに通って、稽古に精を出す人もいたのです。

とはいえ、人前で披露できるほどの芸を身につけている人は、そうは多くなかったので、無芸の人たちが集まったときには、「拳」をして遊ぶことが多かったようです。拳は、じゃんけんに似た遊びで、藤八拳《とうはちけん》、虫拳、長崎拳などの種類がありま

した。ポピュラーだったのが藤八拳で、狐、庄屋、鉄砲の三すくみの勝負で、3回つづけて勝ったほうが勝ち、というものでした。

もうひとつ、よく行われたのが「首引」という遊びです。長いひもを輪にして首にかけ、2人が引っ張りあって力比べをしました。この遊びは男同士でも行われたし、芸者が引っ張り合うのを見て楽しむこともありました。この遊びの名が、「辞書に首っぴき」などという「首っぴき」という言葉の語源になりました。

水茶屋
——浮世絵が広告媒体になって大繁盛

「水茶屋」は、寺社の境内や名所などにある、お茶を飲んで一息入れる休息所のこと。浅草寺、神田明神、湯島天神、芝明神など、人が集まるところに、多数の水茶屋がありました。とりわけ、浅草寺の境内には、20軒もの水茶屋が並んでいたことから、「二十軒茶屋」と呼ばれました。

そのなか、谷中《やなか》の水茶屋の鍵屋に、お仙という茶汲み女がいました。今でいう、ウェイトレスのような仕事をしていました。

ところが、このお仙をモデルに、美人画の絵師・鈴木春信が錦絵を描き、それが売り出されると、人気がブレイク。鍵屋へは、お仙見たさに遠方からも客がやってきて、連日大にぎわいとなりました。お客たちは、茶を呑むことなど口実で、評判の娘をひと目見るため谷中までやってきたのです。

そうなると、他の水茶屋も、器量のよい娘を雇っては、店先に出すようにします。そうして、浅草二十軒茶屋の難波屋のおきた、浅草の湊屋のおろくらが茶屋で働く江戸美人として名を馳せました。なお、野村胡堂の『銭形平次』に登場する平次の恋女房・お静も、結婚前は、両国の水茶屋で働いていたという設定でした。

そうした水茶屋は、そもそもは休憩客にお茶と腰かけるスペースを提供する店であり、茶汲み女の仕事はお茶を出すこと。最初のうちは、とくに何をするわけでもありませんでした。しかし、人気が出て、人が集まるとなると、いろいろなことを考える経営者が出くるのは世の常。「裏おもてある水茶屋ははやるなり」と、江戸川柳にあるように、裏では茶汲み女に売春をさせる水茶屋も現れました。すると、幕府も見過ごせなくなり、茶屋に出す娘は13歳以下の子供か、40歳以上の年増《としま》に限るという奇妙なお触れを出して取り締まりました。

出合茶屋
——高額料金でもお客の絶えなかった理由

江戸時代にも、今のラブホテルに相当する施設がありました。「出合《であい》茶屋」です。出合茶屋は、江戸のいたるところにありましたが、なかでも多かったのが、上野の不忍池のほとりです。当時すでに、不忍池は蓮の名所として有名で、夏になると大勢の蓮見客が集まっていました。そのなかには、出合茶屋の2階の個室に上がるカップルも少なくなかったのです。

つまり、出合茶屋は、名前は「茶屋」であり、表向きは「お食事処」として料理も出してはいたのですが、実際には、男女に逢い引きの場所を提供する商売だったのです。

ただ、現代のラブホテルと違うのは、出合茶屋が店を開いていたのは昼間だけで、夜は営業していなかったことです。その料金は、二人前の料理代も含めて、1分

（2万円）が相場でした。一食付きとはいえ、現代のラブホテルと比べても、かなりの高額ですが、それでもお客が集まったのは、出合茶屋を利用したのが、それなりに高収入の男女だったから。出合茶屋のヘビーユーザーは、武家の夫人と若い男や、大奥女中と歌舞伎役者といった世間に関係を知られては困るカップルだったのです。

出合茶屋生きて帰るはめっけもの

という川柳もあるくらいで、当時、不義密通は重罪で、露見すれば、死罪になる場合もありました。そこで、不倫のカップルは、秘密を保ちやすい出合茶屋を利用したわけです。

恋愛——江戸の恋愛の手順とは？

江戸時代、建前としては、自由恋愛は許されていませんでした。とりわけ、武家の息子や娘は、親の決めた相手と結婚するのが当たり前で、親が結婚を決めるまで、相手の顔すら知らないこともありました。

一方、町人の場合は、大きな商家の場合は仲人が結婚を取り持ち、裏長屋の庶民には大家が縁談を世話することがよくありました。

しかし、どんな時代でも、一目惚れすることもあれば、日常的に接するうちに恋仲になることもあります。とくに、武家社会よりは、締めつけがゆるかった町人社会では、自由恋愛から結婚に発展するケースもよくありました。

そのころ、町人の若者が町娘に恋心を抱いたときには、まずは恋文で告白するのが普通でした。そのさい、町娘のほうでは、手紙の差出人のことをよく知らないケースもあったので、恋の成否は手紙の内容に左右されました。そのため、『艶書文の枝折』『恋の文づくし』といった恋文のハウツウ書が出回り、代理で恋文を書く代書屋も繁盛していました。

4章

江戸の芸能・祭り・相撲・遊び

江戸歌舞伎
——どれくらい人気があった？

歌舞伎は、とりわけ江戸中期以降、大人気を博しました。なにしろ、当時の中村座は、収容人員が1000人を超える大劇場だったにもかかわらず、桟敷を広げなければならないほどの人気ぶりでした。

桟敷席は、チケットを売り出すとすぐに完売、平土間《ひらどま》に座る大衆席のチケットでも、前夜までには売り切れました。あまりの混雑で、気分が悪くなるお客や気絶する女性が出たこともありました。とりわけ、歴史に残るほどの大当たりをとったのが、1773年上演の中村座顔見世狂言『御贔屓勧進帳』。この芝居を観に来た芝居好きの大名、大和郡山城主の柳沢信鴻《のぶとき》は、どの席に着いてよいのか、2幕目までわからないほどの混雑ぶりだったといいます。

そうした歌舞伎の人気役者は、庶民にとって大スターであり、浮世絵でも役者絵は写楽の大首絵に代表されるように、大ジャンルでした。役者絵は、今でいえば、ポスターかブロマイドのような役割も果たしていたのです。

芝居見物
——江戸っ子が夜明け前から出かけた理由

江戸時代の歌舞伎は、1回40日間単位の興行が一般的でした。毎年11月に顔見世興行で歌舞伎の1年ははじまり、年が明けると、初春狂言、弥生《やよい》狂言、盆狂言のようにつづき、9月の名残狂言で1年を締めくくりました。

江戸の人々にとって、芝居見物といえば、夜中に起きて支度をし、夜明け前には家を出るものでした。それは、芝居が朝6時や7時にはじまり、終演が午後4時ごろだったからです。

なぜ、そんなに朝早くから開演したのかというと、当時の芝居小屋では、火災を防ぐため、ロウソクの使用が禁じられていたからです。

ご承知のように、江戸では火災が多く、芝居小屋もよく焼けました。そのため、火災の原因となりやすいロウソクの使用を禁じられ、日没までに芝居を終わらせるため、朝早くから上演したのです。それでも、江戸っ子たちは前日からソワソワし、当日は夜明け前から詰めかけて、一番太鼓を待つ人が少なくなかったといいます。

ちなみに、武家の女性や裕福な商人、その家族などは、高級な席の桟敷席で観劇しました。彼らは、芝居茶屋と呼ばれる座付きの専門業者を通してチケットを手に入れ、席での飲み食いも、その業者に世話してもらっていました。そうしたサービスも含んだ桟敷席の値段は、現在の貨幣価値で3万円はしました。ヒット作となるとプレミアがつき、値段が2倍、3倍とはね上がりました。

一方、枡席は中等の席で、現在の金銭感覚でいえば、値段は1万円前後。枡席にも手が出ない江戸っ子は、木戸銭100文（約2000円）の平土間（切り落とし）で観劇しました。また、一幕だけなら、そば一杯と同じ16文（約320円）で観ることができました。

また、庶民たちは、「宮地芝居《みやち》」と呼ばれた「小芝居《こしばい》」を楽むこともありました。これは、寺社奉行から100日ほどの興行許可を受け、湯島天神や芝の神明社などの境内で催された芝居です。神社の土地で興行したことが、宮地芝居という名の由来です。

もちろん、芝居小屋の造りは、ごくシンプルです。丸太組にヨシズやムシロを張っただけで、短時間で撤収できるようになっていました。また、櫓《やぐら》や花道、回り舞台などは認められませんでした。さらに、引幕も、江戸三座など官許の芝居小屋だけに認められていたので、宮地芝居では、上に巻き上げる緞帳《どんちょう》を使っていました。そのため、宮地芝居の役者たちは、蔑みのニュアンスをこめて「緞帳役者」と呼ばれました。

宮地芝居の値段は、100文程度。庶民の人気は高かったのですが、1714年、禁止令が出ていったん衰退し、その後、復活するものの、天保の改革ですべての小屋の撤去が命じられます。しかし、水野忠邦が失脚すると、すぐに再開され、幕末に最も栄えました。

この宮地芝居よりもさらに値段が安く、裏長屋の住民でも楽しめたのが、そば一杯の値段で見られた「小屋掛け芝居」です。上野や両国あたりの盛り場で、いかがわしい見世物小屋と軒を並べ、丸太で組まれただけの小屋は、10人も入ればいっぱいになるほど狭く、出演者は3人ほどでした。それでも、すべての役を3人ほどで演じるため、役者たちは早変わりの連続、なかなかの芸達者がそろっていて、満員御礼の日もよくあったようです。

芝居小屋

――櫓はあっても屋根がなかった理由

江戸歌舞伎の歴史をふりかえると、江戸に最初の芝居小屋がオープンしたのは1624年のことでした。初代の猿若《さるわか》（後に中村）勘三郎が、中橋南地（現在の中央区）に「猿若座」を構えて興行を行い、人気をさらいました。

この芝居小屋が後に中村座と改められますが、当初の芝居小屋は、周囲を板で囲み、中央に高く櫓を構えただけの簡単なもので、櫓の下には絵看板や文字看板、提灯などが飾りつけられていました。当初は、屋根はありませんでした。屋根をかけると、建設費が高くなったうえ、当時は照明を使えなかったので、下手に屋根をつけると、真っ暗になってしまったからです。

一方、櫓を高々と掲げたことには、お上に興行を認められていることのシンボルであるとともに、神を勧請《かんじょう》して芸能を尽くすという意図を表す意味がありました。

その高い櫓は神が降臨する場と位置づけられていたのです。

やがて桟敷ができ、舞台と桟敷には屋根がつけられます。その後、平土間の大衆席の上にも屋根がつきました。全体的に屋根がついた芝居小屋が建てられたのは、18世紀も半ばになってからのことです。

江戸の芝居小屋の特徴は、舞台が前方へ大きくせり出していることで、舞台と客席は一体のものと考えられていました。大入りのときには、観客が舞台にあがって見物することもあったくらいです。

花道があるのも、歌舞伎小屋の特徴です。花道は、せり出した舞台の左隅近くから客席の後方へ斜めに走っている部分のことで、最後の部分が右に折れ、そこに幕が吊ってあって役者の登退場口となっていました。

歌舞伎狂言
――実在のモデルがいた今も人気の物語

歌舞伎には、『仮名手本忠臣蔵』をはじめ、実在の事件をモデルにした狂言が多数あります。たとえば、「切られ与三《よさ》」で知られる『与話情浮名横櫛《よわなさけうきなのよこぐし》』も、実話をもとにした話です。

「切られ与三」こと与三郎のモデルは、今の千葉県の染物屋の次男・大吉といわれます。木更津に奉公に出ていたとき、榊の源次の妾のお富と恋仲になります。それが、源次の知るところとなって、2人とも斬られてしまうのです。

一方、歌舞伎の与三郎は、江戸の小間物屋の若旦那、お富は深川の芸者です。その点に脚色はあるものの、密会の現場に踏み込まれるところなどは、実話とほぼ同じです。

歌舞伎では、後日、2人は再会し、そこから「久しぶりだなぁ〜」の名場面になっていくわけですが、現実の大吉は刀傷が癒えたあと、1人で江戸に出て、長唄の太夫になったと伝わります。

歌舞伎作者の3代目瀬川如皐《じょこう》がその大吉と出会い、話を聞いて、「切られ与三」の物語が生まれることになったのです。

また、白浪物《しらなみもの》（盗賊を主人公にする物語）の傑作『白浪五人男』にも、モデルがいました。江戸時代屈指の大泥棒・浜島庄兵衛を頭とする窃盗団です。

庄兵衛は尾張の足軽の息子で、子供時代は優秀だったと伝わりますが、成人してから身を持ち崩し、勘当されます。その後、窃盗団を結成し、尾張など8つの国で商人や地主たちを襲いました。

やがて、庄兵衛とその仲間は捕まり、江戸市中引回しのすえ、斬首されます。もっとも、捕まったのは4人でした。『白浪五人男』のモデルとなった盗賊たちは、実際は5人ではなく、4人だったのです。

「世話物」の傑作『曾根崎心中』にも、モデルがいました。近松門左衛門が描くところの『曾根崎心中』は、大坂・新地の遊女お初と醤油屋の手代徳兵衛の心中事件を描いたもの。このお初と徳兵衛というのは実在の人物で、実際に曾根崎天神で心中しています。ただし、近松の描いたストーリーには、事実とはかなり違う部分があります。

実在の2人が心中したのは、徳兵衛が養子縁組で江戸へ行くことになり、またお初には身請け話が持ち上がったからでした。それが、近松の『曾根崎心中』では、徳兵衛が親友にダマされて多額の借金を負うなど、より悲劇的に脚色されているのです。

この『曾根崎心中』は当初は人形浄瑠璃、後に歌舞伎でも上演され、近松の文名を一気に高めることになりました。

歌舞伎のしきたり
――こんな理由ではじまったさまざまな事始め

ここで、江戸時代に確立した歌舞伎のいろいろなしきたりをまとめておきましょう。

まずは、「歌舞伎役者にはなぜ屋号があるのか？」という疑問です。歌舞伎役者を呼ぶとき、たとえば市川團十郎なら「成田屋」と屋号で呼びます。舞台上の役者に、客席（大向こう）から声をかけるときには、かならずこの屋号で呼びかけます。

歌舞伎役者を屋号で呼ぶ習慣は、初代の市川團十郎からはじまりました。曽我五郎役で人気をさらったとき、彼はそれを日頃信仰している成田山不動尊のおかげと考え、「成田屋」という屋号を付けたのです。

この屋号が、客席から役者に声をかけるときに似合って、名前で呼ぶよりも言いやすいことから、「成田屋」と呼ぶお客が増えていった。やがて、他の役者もそれぞれ一族ごとに屋号を名乗りはじめ、花形役者やその一族を呼ぶときに屋号を使うようになったというわけです。

次に、歌舞伎の舞台の話です。他の劇場では、舞台と客席を仕切るのに、上下に移動する「緞帳」が使われていることが多いのですが、歌舞伎では、「定式幕《じょうしきまく》」と呼ばれる3色の引き幕が使われます。そして、その色は、萌黄《もえぎ》、柿、黒の3色と決まっています。

この定式幕、江戸時代には「幕府から許可を受けた芝居」であることを示すという意味がありました。

3色の幕は、本来、幕府の御用船・安宅丸《あたけまる》の帆布として使われていたもので、歌舞伎の座元《ざもと》であった中村座の初世中村勘三郎が、この帆布を芝居の引き幕に用いるようになって、定式幕として定着したといわれます。

ただし、昔は座元によって3色の色や配置が異なっていました。中村座は黒、柿、白、市村座は黒、柿、萌黄、森田座は萌黄、柿、黒を右から並べたものが使われていました。

大相撲

――建前として「勧進相撲」のスタイルがとられたワケ

相撲のルーツは古く、『古事記』には、建御名方神《たけみなかたのかみ》と建御雷神《たけみかずちのかみ》が、出雲の国をかけた力比べをしたと記録されています。

現在の大相撲の直接的なルーツとなるのは、江戸時代の「勧進相撲《かんじんずもう》」です。1624年、四谷塩町の笹寺で、明石志賀之助《あかししがのすけ》が勧進相撲を興行したのが、その始まりとみられています。「勧進相撲」は、寺社の修築資金や寄付を募るという名目で、入場料をとって見せた相撲のこと。「勧進相撲」というスタイルで興行した背景には、幕府と興行主の駆け引きがありました。

当時の相撲は荒っぽく、乱闘騒ぎが多かったため、幕府はなかなか相撲興行を認めませんでした。そこで、興行主は、幕府を説得するため、「勧進相撲」というスタイルをひねりだしたのです。むろん、興行主の本当の目的は利益を上げることですから、「勧進」というのはあくまでも建前。実際、興行主（勧進元）が幕府の寺社奉行に提出した願書には、「渡世のために勧進相撲をいたしたく」と書かれていたといいますから、そのあたりは幕府も百も承知でした。そうして、勧進相撲は深川八幡や神田明神、芝明神宮などの寺社で行われるようになったのです。当初は、開催場所が一定していませんでした。

天明年間（1781～1789）には、今の日本相撲協会にあたる「相撲会所」が組織され、本所の回向院《えこういん》で、年に2回の「晴天十日の興行」（雨の日は中止になるため、こう呼ばれました）が定例化しました。

続く寛政期には、相撲人気がピークを迎え、谷風梶之助、小野川喜三郎などの人気力士が生まれました。そうして、相撲は、歌舞伎・吉原と並ぶ江戸の三大娯楽のひとつとなっていったのです。この時期は、浮世絵も人気を集めていましたので、力士の雄姿を描いた相撲絵は、浮世絵の大ジャンルに成長しました。

この時期には、谷風梶之助、小野川喜三郎の2人に、初めて「横綱」の称号が与えられました。ただ、当時の番付の最高位はあくまで「大関」であり、横綱は地位ではなく、将軍拝謁用に考案された力士の正装を意味しました。谷風亡きあとは、弟子の雷電為右衛門《らいでんためえもん》が大活躍しました。残念ながら、上覧相撲の機会がなかったため、「横綱」にはなれませんでしたが、豪快な投げ技で庶民を熱狂させました。

なお、当時は、相撲はまだ「国技」ではありませんでした。江戸時代はおろか、明治時代の終わり頃まで、日本人に「相撲が国技」という認識はなかったのです。「国技」とみる人が出てきたのは、明治42年以降のことです。

そのきっかけは、この年、東京に「国技館」ができたことでした。当時は国技という認識がなかったため、相撲専用の建物の名前を決めるとき、「常設館」や「相撲館」などの案も出ました。結局、開館挨拶文の中にあった「そもそも相撲は日本の国技なり」という言葉から、「国技館」という名前に決まったのです。そして、この「国技館」という名が知られるにつれ、相撲を日本の国技と考える人も増えてきたというわけです。

寄席1
——テレビの視聴者並の客を集める繁盛ぶり

落語の原型が誕生したのは、延宝・貞享年間（1673〜1688）のこと。上方で辻芸人として活躍した露の五郎兵衛や、「寿限無」の原型をつくった米沢彦八らが「落語家の元祖」といえます。

一方、江戸落語の祖といえるのは、少し遅れて元禄期（1688〜1704）に活躍した鹿野武左衛門《ぶざえもん》でした。

ただ、「寄席」が誕生したのは、それから1世紀以上もあとの文化・文政年間（1804〜30年）のこと。それまでは、落語専用の興行場所はなく、芸人たちは、寺社の境内や河原、あるいは風呂屋の2階を借りるなどして、お客に噺《はなし》を聞かせていました。

文化・文政年間、落語を専門に聞かせる興行小屋「寄席」ができると、最初の落語ブームが到来、寄席が急増します。天保期（1830〜1844）の前半には100軒を超えていたと記録されています。

ところが、水野忠邦の天保の改革（1841〜1843）で、寄席はいったん激減します。寄席は「15か所まで」と制限されたからです。しかし、忠邦が失脚すると、寄席は息を吹き返して増え続け、幕末には1000軒以上の寄席があったと伝わります。

寄席の席数は、1軒平均50席ほどでしたが、1000軒となれば5万席です。むろん、すべて大入りではなかったにせよ、当時の江戸の人口は約100万人ですから、毎日、江戸っ子の数％は、寄席に通っていたという計算になります。実際、人気の噺家はてんてこまいの忙しさで、1日にいくつもの寄席を掛け持ちして回っていました。

寄席2
——どんな噺・芸がウケていたのか？

そうした寄席には、落語を聞かせる寄席のほか、講談（当時は「講釈」といいました）をメインに聞かせる寄席もありました。

講釈という言葉は中世からありましたが、話芸のひとつを指すようになったのは、江戸時代に入ってからのこと。一説には、徳川家康に仕えた赤松法師が『源平盛衰記』や『太平記』などを家康に講じたのが、その始まりといわれます。当時の講釈師は『太平記』を読むことが多かったため、講釈師は「太平記読み」とも呼ばれました。

元禄時代に入ると、軍談を講ずる講釈師が登場します。なかでも有名だったのが、名和清左衛門や赤松青竜軒で、おもに『太平記』を講じました。

その後、江戸で人気を集めたのは、戦国武将や剣豪が主役の軍記物、忠臣蔵などの仇討ち物、侠客の親分が登場する侠客物などの男臭い話。今の時代劇に登場する宮本武蔵や赤穂四十七士らのキャラクターの原型は、そうした講談から生まれました。

一方、落語寄席では、さまざまなタイプの噺が披露されました。長屋噺、滑稽噺はもちろんのこと、怪談噺や芝居噺（歌舞伎のダイジェスト版）、お客をほろりとさせる人情噺、浮き世噺（時事問題の面白解説）などが人気を集めました。

他には、謎解きと三題噺も、当時から人気がありました。謎解きは今の謎がけのことで、「○○とかけて△△と解く。そのココロは〜」というおなじみの即興芸。一方の三題噺はお客から3つの題をもらって、それを入れ込んだ噺や都々逸を即興でつくるというものでした。

そのほか、落語寄席では、落語以外の芸も披露され、手品、水芸、影を使った写し絵、複数の仮面を使って一人でいくつものキャラを演じ分ける百眼《ひゃくまなこ》、一人八役を演じる八人芸、さらに大食いや早食いを見せるなど、さまざまな演芸が披露されていました。

祭り
——死者が1500人以上も出るほど、人気のあった祭り

江戸っ子にとって「祭り」は大イベントのひとつ。庶民たちは、各神社の大祭を心待ちにしていました。

数ある江戸の祭りのなかでも筆頭格とされたのは、山王祭（日枝神社）と神田明神、両神社の例大祭で、江戸っ子はその2つの祭りを「天下祭り」と呼びました。これらの祭りでは、山車や神輿の行列が江戸城内に入り、将軍の上覧を受けたからです。

そもそも、山王神社は、家康以来の将軍の産土神《うぶすながみ》であり、歴代将軍が手厚く祀ってきました。一方、神田明神は家康が尊崇しただけでなく、東国のヒーローの平将

門を祀る神社として江戸っ子の信望を集めてきたのです。

他には、深川八幡祭り（富岡八幡宮）も人気のある祭りでした。その人気ぶりは、1807年に祭り見物の群衆が永代橋に殺到し、橋の崩落事故を起こしたことでもよくわかります。

この年、不祥事があって中止されていた大祭が12年ぶりに復活しました。その祭りを見物しようという江戸っ子が富岡八幡宮に殺到し、江戸市中と深川を結ぶ永代橋が重さに耐え切れずに崩落、1500人以上もの死者を出す大惨事となったのです。

それに劣らず人気があったのが、浅草の三社祭です。今でも全国から観光客が押し寄せる人気の祭りですが、江戸時代の三社祭も今にひけを取らないほどの群衆が詰めかけたと伝わります。

夏祭りの多い江戸で、9月に祭りが開催されたのは、根津権現《ごんげん》祭（根津神社）。5代綱吉、6代家宣の時代に手厚い保護を受け、1714年には将軍の上覧を受けたこともあります。

山王祭
――カジュアルには楽しめなかった天下祭り

以上のように、いろいろな祭りがあるなか、とりわけ格式の高い祭りだったのが、山王祭です。前項で述べたように、山王祭は、神田明神の祭りと並んで「天下祭り」と称されましたが、それは両祭りが幕府の資金援助を受け、幕府に奨励された祭りだったから。他の庶民の祭りとは格が違ったのです。とりわけ、両社のうちでも、山王神社は徳川家の産土神を祀っていた関係で、見物客にも厳格なマナーが求められました。

まず、氏子町内では、前日から、見物のための準備をしました。通りに面した商家は休業し、道をきれいに掃き清めました。祭り当日は、神輿を見下ろすのは不敬だと、建物の2階の窓や屋根からの見物は禁止。町役人が回ってきて、2階の窓を封鎖するほどの徹底ぶりでした。

江戸のガイドブック『江戸名所図会』にも、山王祭りの様子が描かれていますが、見物人は、道の脇に整然と座り、道に飛び出すものは一人もいません。武士も町人も、山車や行列に近づいて見物することを禁じられていたのです。

というわけで、格式の高い分、窮屈な祭りではありましたが、幕府主導である分、お金はかかっていました。山車や神輿、装束に身を包んだ氏子たちの大行列は、江戸の壮観だったと伝わっています。

見世物
——すごい芸からインチキまで、何でもありのエンタテインメント

江戸の盛り場、とくに両国橋の東西にあった広場には、見世物小屋がたち並び、芸人たちが競い合っていました。

見世物の種類はひじょうに多く、100種類以上はあったとみられます。大きく分けると、ヘビ食い女、ろくろ首などの「因果物」。輸入動物などの「動物系」。女相撲、足芸などの「武芸系」、そば細工、ビイドロ細工、籠細工などの「細工系」などなど。

このなかでは、生首やろくろ首などの「因果物」は、「聞くも哀れ、見るも哀れな物語……」などといって、お客に因果を聞かせました。客の心をつかむには、演技力や話術が要求される見世物でした。

その一方、大イタチ、大あなごといった「おふざけ系」もありました。たとえば、「大イタチ」というのは、大きな板に血をつけて「大・板・血（大イタチ）」というもの。一方、「大あなご」は、大きな穴に子供の人形を入れて「大・穴・子」というふざけたものでした。

また、曲芸系の見世物では、人気があった曲独楽《きょくごま》は、刀の上に独楽を走らせたり、綱の上で回した独楽を投げ、別の綱に移動させたりする曲芸。放下《ほうか》は、ジャグリングや手品のこと。豆蔵《まめぞう》は、手品と曲芸にお笑いの要素をまぜたものでした。

そうした見世物小屋の入場料金は、時代によっても異なりますが、江戸中期の一般的な見世物で、入場料は18文（今の360円ほど）が相場でした。インチキが通用しない綱渡りなどの軽業をする見世物は少し高くなって、56文（今の1120円）ほどはしました。

見世物の有力なジャンルに、珍しい動物を見せる「動物系」がありました。なにしろ、江戸時代にはまだ動物園はありません。目新しい動物は、すべて見世物になったのです。芸などできなくても、珍しい動物であれば、それだけで人が集まってきたのです。

とりわけ、人を呼んだのは、1821年のペルシャ産のラクダ、1861年のトラ、1862年にアメリカ船でやってきたインドゾウは、動物見世物としては空前のヒット興行となりました。

たとえば、1861年、両国や麹町で、初めてトラが見世物に出たときは、江戸中の人間が集まったかと思うほどの人出だったと伝わります。あまりの人出に、3日目には町奉行から禁止のお触れが出たくらいでした。1861年といえば、幕末の時代の変わり目でしたが、江戸の庶民は、トラの一挙一動に大騒ぎしていたのです。なお、こうした動物は、外国から長崎に運ばれ、江戸へ送られてきました。

江戸っ子たちは、そうした動物たちも、単に好奇心だけで見物に出かけていたわけではありませんでした。当時の人たちは、珍しい動物の見世物を見ることによって、厄除けや病魔退散などのご利益《りやく》があると信じていたのです。

錦絵には、動物見世物の様子を描いたものがありますが、たとえば歌川国安の

『駱駝之図』は、ラクダの尿を薬にすると、瀕死の病人も息を吹きかえすと、その〝ご利益〟について触れています。動物見世物では、興行師たちが「西方の霊獣」などといったセリフで、お客を興味をひきました。庶民たちは、それを真に受けて、「ありがたや」と拝んでいたようです。

ギャンブル
――サイコロ賭博からウグイスを使った風流な賭け事まで

江戸時代、博打は表向きは御法度だったものの、庶民たちは小博打を楽しんでいました。その小道具はもっぱらサイコロです。

当時、流行したサイコロ賭博には、いろいろな遊び方がありました。まず、「ちょぼいち」と呼ばれたのは、ひとつのサイコロを振って、その目を当てるという、ごくシンプルなルール。胴元がサイコロを振り、当たれば賭け金の5倍程度、外れれば没収というルールです。むろん、長く遊べば、胴元が儲かる仕組みになっていました。

サイコロを2つ使うのが、「丁半」です。2つのサイコロの出目の合計が偶数なら「丁」、奇数なら「半」。そのどちらかを当てるというゲームです。

「チンチロリン」は、3つのサイコロを振って、その目の出方で配当が決まるルール。単純に数字の大小ではなく、たとえば、「一」が3つ揃うと「ピンぞろ」というように、いろいろな役があり、明治以降もよく行われました。

サイコロのほかには、生き物を使った賭博もよく行われていました。「闘犬」「闘牛」「闘鶏」は今も行われていますが、江戸時代はそれらが賭けの対象でした。ほかには、クモやウグイスを使ったギャンブルも行われていました。

たとえば、クモをつかった賭け事は、水を張った桶の上に1本の棒を置き、その棒の両端からクモを渡らせます。そして中央で2匹のクモが出会ったとき、相手を後戻りさせたほうが勝ちというルールでした。

一方、ウグイスを使った賭け事では、まずウグイスを持ち寄って、部屋を閉め切ります。中央に梅の盆栽を置いて、ウグイスを放し、最も早く盆栽に止まったものを勝ちとするというゲームで、「鶯かけ」と呼ばれました。

ただ、この鶯かけなどは上流階級の遊びであり、職人や商家の丁稚や手代、長屋のおかみさんまで夢中になったのは、やはり手っとり早いサイコロ賭博でした。

富くじ ――当たれば、いくらになったのか?

宝くじは今も人気ですが、江戸時代の中期以降、「富くじ」が大流行しました。

富くじは、もとは、寺社の建物の補修費用を捻出するために許可されたもの。とりわけ有名だったのは、湯島天神、谷中感応寺、目黒不動の三寺で、「江戸の三富《さんとみ》」と呼ばれ、常打《じょううち》されていました。常打とは、毎月決まった日に売り出す、定期興行という意味です。

富くじの値段は、当初は1枚1分、今の価値で約2万円と高額でした。当選金は最高額1000両、今の価値で8000万円に相当しました。

しかし、その値段では、庶民には買いにくかったため、1枚2朱(1分の半分)に値下げされました。最高額も100~300両ほどになり、買いやすくて当たりやすい富くじとなったのです。

それでも、買えない人たちは、数人で金を出し合って1枚の富くじを買っていました。江戸時代、今でいう「グループ買い」がすでに行われていたのです。

この富くじ、寺社の近くに5～6か所の売り場が用意され、売り出しと同時に人々が集まりました。売り出し枚数が決まっていたので、のんびりしていると、買い損ねたからです。

では、富くじの〝抽選〟は、どのように行われていたのでしょうか。

抽選日は、毎月5日が目黒不動、16日が湯島天神、18日が感応寺と決まっていました。その日、寺社奉行の役人2人、同心7～8人が見守るなか、中央に高さ3尺5寸ほどの木箱が置かれます。

その木箱のなかには、売った札と同じ枚数の番号札が入っているのですが、不正がないことを証明するために、一度、番号札を全部出して立会人が確認してから、再び箱に戻しました。

僧侶の読経《どきょう》がはじまると、錐《きり》をもった突き手が現れて、箱の上部に開けられた穴から、中の木札を突いて取り出しました。

突く作業は100回行われ、最初に突いた札が30両、2番目から9番目が小当たりで、10番目、20番目と切りのよい回数の札が10両ほどの中当たり、そして最後の札が「突き止め」と呼ばれる大当たりでした。

さて、この大当たり、たとえば100両が当たったときには、どうすればよかったのでしょうか。

当選しても、100両をそっくりもらえるわけではありません。まず、1割の10両は奉納と決められていました。そのうえで、次の富くじを5両買わされ、さらに5両の祝儀も〝お約束〟になっていました。しめて20両が天引きされ、手取り額は80両でした。

その80両は、若い衆が大八車を引いて、当選者の自宅まで運ばれてきました。角樽や祝いの品などの上に賞金を載せ、威勢よく運んできたのです。その道中は、富くじの宣伝を兼ねたデモンストレーションでした。

むろん、そのように派手に宣伝されると、当選者は大金を手にしたことが隣近所にバレてしまいます。そのため、当選者のもとには、ご近所や親類縁者らが押し寄せました。大騒動になって商売に差し支えが生じ、富くじに当たったはいいが、かえって店をたたむはめになった、などということもあったようです。

銭湯
――湯屋の2階は、最も安価な大人の娯楽場

江戸の銭湯（湯屋《ゆや》）は、今のサウナのような蒸し風呂でした。その第1号ができたのは、徳川家康が江戸に移ってきてから、まもなくのこと。城下の建設にたずさわる武士や労働者たちが、1日の汗を流すためにやってきたのです。

彼らの大半は独身者だったため、前に述べたように、湯屋のなかには湯女を置いて「サービス」する店が現れます。最初のうちは、湯女はお客の体を洗うことをサービスとしていましたが、やがて性を売り物にし、幕府に取り締まられることになったのは、前述したとおりです。

その後、庶民の暮らしぶりがよくなると、湯屋の2階のスペースが、庶民たちの娯楽場となっていきます。1日の仕事が終わって汗を流せば、しぜんにくつろぎタイムとなります。なにしろ、当時は、家へ帰っても、電気もなければ、テレビもありません。湯屋の2階のスペースで、話に花を咲かせました。

やがて、そのスペースには、煙草盆や火鉢が置かれるようになり、菓子も売られるようになります。さらに、将棋や碁盤などの遊び道具が置かれるという具合で、湯屋の2階は町内の娯楽場となっていたのです。そもそも、湯屋の料金は8文（160円）ほどで、それで楽しく過ごせたのですから、庶民たちはなかなか家に帰らなかったのです。

なお、そうした江戸の湯屋の軒先には、弓と矢の看板が掲げられていました。そのココロは「弓射る」を「湯に入る」に掛けたもの。シャレ好きの江戸っ子らしい看板でした。

女性の遊び
——女性たちが楽しんだこんな遊び

江戸時代には、今のような家電製品はなかったので、女性たちは、炊事に裁縫、掃除にと、大忙しでした。そんな多忙な女性たちが、家事の合間を縫って手軽に遊べたのは、あやとりやおはじきなどでした。

女性もゆっくり羽をのばせた正月には、羽根つきが行われました。羽根つきは、もとは宮中の正月遊びで、それが元禄期には庶民にまで広まりました。女性が晴れ着姿で羽根つきをする姿は正月の風物詩となりました。

正月には、かるたがよく楽しまれました。江戸時代のかるたには、ことわざを集めた「いろはかるた」のほか、ポルトガル伝来のカードゲームをベースにした「うんすんかるた」、花かるた（花札）などがありました。

女性がよく遊んだのは「歌かるた」。もともとかるた取りは、遊びであると同時に、和歌を覚える教材としての一面を備えていました。そのため、上流家庭では、『伊勢物語』や『源氏物語』などを題材にした歌かるたを嫁入り道具に持たせたくらいです。

農村の遊び

――農民も十分に楽しんでいたハレの時間

時代劇に登場する農民といえば、悪代官から年貢を絞り取られ、朝から晩まで働いても生活は苦しいというのが、お決まりのパターンですが、現実の農村の暮らしは、裕福とはいえないまでも、休日もあってそれなりに文化的な生活を営んでいました。

まず、休日は村ごとに決められていましたが、おおむねどの村にも共通する休日があって、正月三が日、小正月《こしょうがつ》、お盆、1、3、5、7、9月の五節句、5月の田植え明け、秋の稲刈り後、そして村内の複数の寺社の祭礼日などは休日でした。江戸初期には、農村の休日は年間30日ほどでしたが、幕末には年間50～60日の休みをとるのが一般的になっていました。

農村の休日は「休み日」や「遊び日」と呼ばれ、村人たちは農作業から解放され、遊びに精を出しました。そうした休日に合わせて、各村では、各種のお楽しみイベントが催されることが多かったのです。

その代表が、おおむね秋に行われた村祭りです。村祭りの日には、村外から露天商らがやってきて、さまざまな露店が並び、また芝居や見世物の小屋が建つこともありました。大きな村では、相撲の一行が来て興行していくこともありました。

そうした祭りが長いときには1週間ほども続き、村人たちは露店で買い物をしたり、芝居小屋をのぞいたりすることで、いろいろな遊びを楽しみました。江戸時代の農村にも、いわばゴールデンウィークがあったというわけです。そういうハレの時間には、村人たちはふだんの野良着を脱ぎ、芝居や見世物見物のさいには、晴れ着に着替えて出かけたのです。

俳句・川柳・狂歌
――どのように楽しまれた？

今、俳句といえば、上品な文芸というイメージがありますが、江戸時代の俳諧は、今よりもカジュアルで、やや風流な遊びという程度のものでした。

当時、俳諧は、おもに句会を開くことで楽しまれました。当時の句会のルールは、まず親が五七五の発句《ほっく》を詠み、次の人が続けて七七と詠みます。さらに次の人が、五七五と詠むという連句方式でした。発句からはじまって、即興で続けていくところに江戸の人々は面白みを感じたのです。

この連句方式では、最初の五七五の発句が、全体の流れを決めるうえで大きな意味を持ちます。そこで、最も巧みに詠む人が発句を詠むようになり、そこから名句も生まれました。やがて、発句だけを鑑賞するようにもなり、それが松尾芭蕉の登場を経て、「俳句」という日本を代表する文芸に発展したのです。

また、俳諧と同様、五七五で詠む川柳も楽しまれていました。川柳も俳諧から発展したものですが、こちらには季語などの制約はなく、風刺や滑稽味を特徴とします。柄井川柳という人物が、このジャンルを確立したところから、「川柳」と呼ばれるようになりました。

もうひとつ、狂歌も楽しまれました。これは、五七五七七の短歌形式に風刺や滑稽味を盛り込んだ歌です。中世からあったものの、江戸中期以降、大流行しました。蔦重も初期は「狂歌本」を得意としてヒットを飛ばし、大いに稼いだようです。

音曲
——江戸の人々は、どんな音楽を楽しんでいたか?

江戸の町には、お師匠さんについて、「音曲《おんぎょく》」を習う人が大勢いました。江戸後期には、一種の教養として音曲を身につけることが一般化していたのです。

そのなかには、男性が色町で座を盛り上げるために習うケースもあれば、武家奉公を目指す娘がたしなみとして習うこともありました。多くの場合、師匠は芸者上がりの粋な女性だったので、鼻の下を伸ばしながら通う男性も多数いました。

その江戸の音曲は、浄瑠璃と長唄の2つのジャンルに大きく分かれました。いわば、浄瑠璃は語る音曲であり、長唄は唄う音曲でした。

そのうち、浄瑠璃には、義太夫節、常磐津、清元、新内など、いろいろ流派がありました。まず、義太夫節は、1684年に竹本義太夫が近松門左衛門の人形芝居を語ったことからはじまったといわれます。常磐津は、歌舞伎の舞踊の伴奏として演奏されたもの。清元は、やはり歌舞伎の舞踊音楽として用いられた音曲。新内は、歌舞伎の劇付音楽から始まり、江戸後期には門付けを中心として発展しました。

一方、長唄は、もともと歌舞伎の舞踊音楽でしたが、浄瑠璃がストーリーのある「語り」であるのに対し、こちらは情景描写を中心とした「唄」でした。やがて庶民に普及すると、座敷でも盛んに歌われるようになりました。

凧上げ

――病気に効く遊びと考えられていたのは？

凧は、もとは遊び道具ではありませんでした。中国で軍事用の兵具として開発され、たとえば漢の時代の将軍・韓信は、凧を使って敵城までの距離を測ったと伝わります。日本へ伝わったのは、平安時代のこと。当初は、もっぱら占いや厄除けの呪具として用いられました。

やがて江戸時代に入ると、凧は庶民の遊び道具として広まりますが、それに伴って凧をめぐる俗説が広まりました。「凧をあげると、健康な子に育つ」というのです。江戸では小正月の頃、盛んに凧があげられましたが、それは子供たちの健康のためでもあったのです。昔は、子供は大人よりも体温が高く、春になるとますます高くなって病気になると考えられていました。そこで、凧を飛ばすと、子供は凧を見上げるとき、口を開くので、新鮮な空気をたっぷり吸い込んで、代わりに体内の熱が放出します。そうした理屈で「正月に凧をあげると病気にならない」と信じられていたのです。

そうして、正月には凧上げが盛んに行われ、奴凧、鳶凧、扇凧など、色とりどり、形もさまざまな凧が江戸の空を舞いました。

凧上げは、ときおり大人も巻き込んだブームを呼びました。最初のブームは17世紀前半のことです。江戸の町に凧をあげる人が増えすぎて、幕府が凧あげ禁止令を出したほどでした。その理由は、参勤交代の邪魔になるからというものです。

奴凧の登場は意外に遅く、幕末の安政年間のこと。奴凧は、槍などを持って主人の供をした武家の下男の「折助」の姿を模したもの。その折助が空高く舞い上がり、武家屋敷を見下ろす――江戸の庶民たちは、そんな奴凧に思いを託して、溜飲を下げたのでした。

釣り

――暇つぶしと実益を兼ねた江戸の釣り事情

釣りは、身分に関係なく、腕前で釣果《ちょうか》が決まる遊び。そして、うまく釣れれば、おかずに困らないと、江戸の人々の人気を集めました。庶民だけでなく、武士にも釣り好きが大勢いました。暇はあっても金はない下級武士にとって、釣りは格好の暇つぶしでした。

とりわけ、江戸時代の江戸は、海も川もある町で、海釣りと川釣りの双方を楽しめました。海釣りではキス釣りが主流、川釣りでは隅田川と中川の間や向島から深川にかけての河岸で、ハゼ釣りを楽しめました。シーズンの秋になると、釣り人で埋め尽くされるほどでした。

江戸後期の文化・文政年間になると、釣り堀が登場し、コイやフナを釣ることができました。乗合舟に乗って沖釣りもできるようになりましたが、ときには流されて戻れなくなった人もいたようです。

また、江戸後期には、釣りの指南書も出版されていました。文政年間（1818～1829）には『釣客伝』や『丘釣話』などが出版され、次のような江戸の釣りスポットを紹介しています。

当時の江戸湾のキス釣りのポイントは鉄砲洲（中央区湊・明石町）あたり。ここでは、キスのほか、カレイ、ハゼもよく釣れました。一方、ハゼ釣りの本場は、本所深川界隈でした。

さらに、今の台東区、荒川区、足立区にも、釣りスポットがありました。山谷堀（浅草）や三味線堀（鳥越・小島）、荒川方面なら綾瀬川、千住、尾久《おぐ》などがフナ釣りで有名だったのです。

なかには、江戸市中を離れ、多摩川、小田原、利根川や印旛沼あたりまで足をのばして、泊まりがけで釣りを楽しむ人たちもいました。

ペット
――イヌよりもネコに人気があった理由

江戸では、さまざまなペットが飼われていました。まず、イヌとネコでは、庶民の間では、ネコのほうが人気でした。

ただ、それはカワイイというよりも、ネコがネズミを退治するという実用的なメリットがあったため。当時は、どの家でも、ネズミが天井裏を走り回っていました。そのネズミを獲るネコは、実用的にも必要な存在だったのです。

イヌを飼う人は、ネコを飼う人に比べると少数派でした。当時は、狂犬病対策がなかったので、イヌが敬遠されたのです。ただ、大名や上級旗本の間では、狆《ちん》が座敷犬として愛好されました。

一方、庶民は、ネコのほかには、盛んに小鳥を飼っていました。ウグイス、コマドリ、ルリ、ウズラなどが人気で、専門の小鳥屋もあって飼育書も出版されていました。なかでもウグイスは、「鳴き合わせ」という〝鳴き声コンクール〟のようなものが開催され、声のよいウグイスは高値で取引きされていました。

夏になると、金魚売りが天秤棒をかつぎ、「きんぎょ〜エ〜　きんぎょ」と呼び声をかけながら、売り歩きました。江戸の初めごろは、金魚は一部の富裕層しか飼育できない珍しいものでしたが、江戸後半の宝暦年間（１７５１〜１７６４）になると、金魚の養殖がすすみ、庶民でも手軽なペットとして飼えるようになっていました。浮世絵にも、鉢の中で金魚が泳ぐ姿を描いたものが多数あります。

金魚のなかで愛好家にもてはやされたのは、ランチュウやリュウキン、オランダシシガシラなどの高級品種でした。とくに上方では、ランチュウが人気を呼びました。

一方、虫を飼う人も多数いました。とりわけ、夏場はホタル狩りが盛んで、王子や谷中、隅田川沿いはホタル狩りの名所とされました。捕まえたホタルを竹で編んだ籠に入れ、夜になると灯る光を楽しむ人もいました。秋風が立つと、スズムシやマツムシ、クツワムシ、キリギリスなど、声のよい虫を売る屋台が出ました。これらの虫を買って帰り、秋の夜長に鳴き声を楽しんだのです。

また、自分で飼うわけではありませんが、江戸時代は珍しい動物の見物が盛んで、とりわけ1728年、江戸の町にゾウがやってきたときは大騒ぎになりました。

そのゾウは、ベトナムから8代将軍・徳川吉宗にオス、メスの2頭が贈られたもの。船で運ばれてきたゾウは長崎に降り立ち、京都で中御門《なかみかど》天皇の天覧を受けたあと、江戸に到着しました。

その道中、1頭は死んでしまいましたが、もう1頭は「キサ」と名付けられ、江戸城内で将軍に〝謁見〟したあと、市中を練り歩いたのです。

その姿を一目みようと、大勢の人々が集まり、市中ではゾウグッズが発売されるなど、大ブームが巻き起こりました。

ガーデニング

――江戸の緑で溢れさせた園芸熱

江戸時代の後半、園芸ブームが起きました。当時、江戸市中は、武家屋敷から長屋の路地まで、草花で満たされ、幕末に日本を訪れた外国人たちを大いに驚かせています。

たとえば、イギリスの植物学者ロバート・フォーチュンデは、江戸の町を見て、次のように絶賛しています。「常緑樹の生垣などの美しさは、世界のどの都市もおよばないだろう」。つまり、江戸は、世界的にも珍しいほど、緑にあふれた町だったのです。

じつは、幕末、英国人は、江戸で入手した草花の種をたくさん持ち帰りました。それが、英国のガーデニングの基礎になったともいわれるのです。

もともと、日本人は園芸好きで、平安時代にはすでに、公家の間では長櫃にすすきや萩を植えて観賞していました。

江戸時代に入ると、徳川将軍家が園芸好きだったことが、園芸ブームの発端になりました。とりわけ、花好きで知られたのは3代家光で、吹上御殿に花畑をつくったり、高価な鉢植えや植木を所狭しと並べて、警護までつけていたといいます。

その影響で、各大名も屋敷（とりわけ下屋敷）に庭園を築き、珍しい花々を栽培しました。たとえば、薩摩の島津藩はハイビスカスやジャスミンを栽培、将軍家に献上したという記録が残っています。

この将軍や大名、武家の園芸熱は、一般庶民へも広がっていきます。人々は、朝顔や菊の鉢植えを路地に並べて楽しむようになり、植木市が盛んに開かれるようになりました。庶民が好んで買い求めたのは、狭い路地でも世話のしやすい鉢植えで、サクラソウ、キク、フクジュソウ、オモトなどがよく育てられていました。

『江戸名所図会』を見ると、植木市にはアロエやサボテンも並んでいます。そんな輸入植物も、植木市に登場していたのです。

一方、室内でも花を愛でる人が増え、生け花は、茶の湯とともに、女性のたしなみとして欠かせない芸事となりました。それに伴い、花生け用の器も趣向が凝らされるようになり、江戸でも上方並にそうした設《しつら》えを楽しむ風流人が増えました。

朝顔市
――下級武士が大勢いたからはじまった江戸の朝顔人気

前項で述べたように、江戸庶民の間では鉢植えがよく育てられていましたが、なかでも人気だったのが「朝顔」です。朝顔は世話が簡単なうえに、夏場、次から次へと花が咲くところが人気を呼んだのです。

庶民たちは、植木市や市中を売り歩く朝顔売りから、小鉢仕立ての朝顔を買い求めました。今も東京の下町では、夏場、路地に朝顔の鉢植えが並びますが、江戸時代にも同様の光景が見られたのです。とりわけ、文化・文政期と嘉永・安政期の2度、朝顔は大ブームを巻き起こしました。そのさい、もてはやされたのは、おなじみの〝ラッパ形〟朝顔ではなく、突然変異で生まれた「変化朝顔《へんかあさがお》」でした。変わった形の朝顔がもてはやされ、「朝顔合わせ」と呼ばれた珍種・変種を持ち寄る品評会が盛んに開かれたのです。また、変化朝顔の図鑑も刊行され、文化4年発行の『朝顔水鏡』には、奇花47種類と奇葉46種類の朝顔が紹介されています。

この朝顔ブーム、家計の苦しい下級武士たちが、内職で品種改良に取り組んだことがきっかけでした。江戸時代、薄給だった下級武士は、内職で食いつなぐしかありませんでした。その内職のひとつが朝顔の栽培で、品評会で優勝すれば、今の金額にして30万円ほどの賞金がもらえたので、園芸に大いに精を出したのです。

文政年間には、そうした武士の一人、御徒町に住んでいた谷七左衛門が、変種の朝顔を栽培して飾り、彼の家が「朝顔屋敷」として、ちょっとした江戸の観光スポットになりました。そのことも、朝顔ブームの発端になったのです。

御徒町での朝顔栽培は、やがて衰退していきますが、その後は入谷で朝顔の栽培が行われるようになり、天保の頃からは入谷鬼子母神を中心に市が立ってにぎわいました。これが、今も入谷の朝顔市として続いています。

菊づくり
――今のおばあちゃんの原宿が菊見の名所だったワケ

江戸時代には、菊の品種改良もすすみました。大輪の菊や細い花弁の菊が生まれたのも、江戸時代のことです。植木職人らが品種改良に熱心に取り組んだ背景には、「菊合わせ」と呼ばれる品評会が行われていたことがあります。

品評会では、花の優劣を競うコンテストが行われて、「勝菊」「負菊」が決められました。勝菊の苗は1本1両から3両の値で売れたので、植木職人は勝菊づくりに励み、新種が続々と生まれることになったのです。

なかでも、菊づくりが盛んだったのは、今の巣鴨周辺でした。巣鴨村は、その隣の染井村（駒込）と並んで、江戸初期から植木職人の多い地域でした。やがて、巣鴨村の植木職人の保坂四郎左衛門が、江戸城本丸菊御用を仰せつかり、以来、この地域では菊づくりに熱心に取り組んでいたのです。

江戸も後期になると、巣鴨村の菊づくり農家は、「大造り」と呼ばれる菊の栽培をはじめます。それは、1本の茎にたくさんの花を咲かせたり、菊を集めて富士山、帆掛け舟、獅子などに見立てるもので、大がかりなものを作っては、菊祭りを催しました。この菊祭りに見物客が集まり、巣鴨周辺には多くの茶店や料理屋も立ち並ぶようになりました。今のおばあちゃんの原宿・巣鴨は、江戸時代は菊見の中心地だったのです。

5章

江戸の旅と物見遊山

旅行ブーム
――庶民はどうやって旅費を調達したのか？

江戸後期の文化・文政年間（1804～1830）には、空前の旅行ブームが起きました。江戸からも、はるばる伊勢参りに出かける者が急増したのです。街道筋には人があふれ、宿場は繁華街のようなにぎわいを見せました。

旅行ブームの火つけ役となったのは、蔦屋重三郎とも縁の深い十返舎一九でした。彼が著した『東海道中膝栗毛』が大人気を博したのです。ご存じのように、それは弥次さん喜多さんのコンビ（江戸・神田八丁堀に住む栃面屋弥次郎兵衛と食客の喜多八）が、東海道を旅する道中で遭遇したハプニングや失敗談を面白おかしく書いた一冊でした。

この物語には、各地の名物などがふんだんに盛り込まれ、それを読んだ人々が「弥次さん、喜多さんに続け」とばかりに旅に出たことで、旅行ブームが巻き起こったのです。

むろん、ブームの背景には、旅行インフラが江戸時代なりに完成していたことがありました。江戸幕府は、参勤交代のために、街道や宿場の整備を重要政策にしていました。そうした交通・旅行インフラの整備によって、庶民にとっても旅が身近なものになったのです。

また、「代参講《だいさんこう》」が普及したことも、旅行ブームの引き金となりました。お伊勢参りが盛んになったのも、この「代参講」（伊勢参りの場合は「伊勢講」と呼びます）を利用してのことでした。

その伊勢講は、伊勢参りを目的とする旅行サークルのようなもの。伊勢講に加入した家は、毎年決まった金額を講に納め、講は毎年数名の代表者を選びます。そして代表者は、講が集めた金を持って伊勢を訪れ、講の代表としてお参りしたのです。こうした伊勢講を利用して、江戸時代後半には、庶民がこぞって伊勢神宮に参るようになりました。その人数は例年50万人以上にのぼったといいますから、当時の人口と交通事情を考えれば、たいへんな旅行熱といっていいでしょう。

江戸時代には、伊勢講のほか、富士山を参拝する富士講、大山を参拝する大山講などの講がありましたが、ことに伊勢講の加入者が多く、「一生に一度はお伊勢参り」が庶民の夢だったのです。

もっとも、庶民が伊勢参りに憧れたのは、信仰心からだけではなく、伊勢への旅の道中に、いろいろな楽しみが待っていたからでした。伊勢参りのついでに京・大坂を観光するなど、人々は生涯一度の大旅行を存分に楽しんだのです。この講が広がったことで、経済的な事情から長距離旅行に出かけられなかった人々にも、旅行の機会が訪れたのです。

むろん、この時代、平和な世の中が続いていたことは、最大の前提でした。天下太平の世が2世紀も続いていたことで、社会全体がまんべんなく豊かになり、庶民にも旅行を楽しむゆとりが生まれていたのです。

小さな旅
——江戸っ子たちが楽しんだ表向きは信仰の旅

江戸っ子は、長距離の旅行ではおもに伊勢参りに出かける一方、近場の観光スポットにも折にふれて出かけていました。

当時の旅行は、建前としては信仰目的のことが多く、その目的地は富士山や御岳《みたけ》山《さん》、あるいは江の島の弁天参りや成田山新勝寺や秩父の観音様などへのツアーでした。むろん、その道のりで夜は遊んで羽を伸ばしたり、寺社にお参りした帰りには他の場所を訪ねて、見聞を広めたりしました。

江戸に比較的近いスポットで、とくに人気が高かったのは、大山詣で、江の島詣で、成田詣ででした。このうち、大山は、神奈川県内の丹沢山系の山で、今も観光スポットとして人気のある山。江戸時代、ことににぎわったのは、大山詣でのトップシーズンである6月から7月にかけてでした。その季節になると、講ごとに揃いの衣装を身につけた団体客がどっと押し寄せたのです。ただし、江戸時代、この山は女人禁制。男性も登る前に水垢離《みずごり》を取って、身を清めなければなりませんでした。

次に、江の島も、江戸時代には参拝客でにぎわいました。とくに、江の島によく足を運んだのは、歌舞伎役者と鍼師《はりし》。まず、役者が江の島に参ったのは、同島に祀られている弁財天が「芸事の神様」とされていることから。一方、鍼師が江の島に足を運んだのは、杉山検校という鍼の達人が、この地で「霊験を得て開眼した」とされていたからです。

成田山の新勝寺は、今も節分行事などで参拝客であふれる寺院ですが、江戸時代、その人気に火をつけたのは、歌舞伎役者の初代市川團十郎でした。彼が新勝寺に帰依し、市川家の「成田屋」という屋号も成田不動に由来します。江戸時代のスターだった歌舞伎役者を真似て、成田山詣でをする人が増えたのです。

なお、当時の成田詣では、おおむね3泊4日の旅でした。初日の早朝、日本橋を発ち、深川高橋から行徳《ぎょうとく》まで舟に揺られ、船橋で1泊。翌日は徒歩で大和田、佐倉を経て、成田で1泊。翌朝、新勝寺を参詣し、その後は船橋まで戻って1泊。そして翌日帰宅するというコースが一般的でした。

温泉
——名目は湯治の物見遊山

日本人が行楽で温泉地を訪れるようになったのは、江戸時代になってからのこと。温泉旅行が盛んになった背景には、幕府の政策がありました。といっても、幕府が旅行を奨励したわけではなく、むしろ話はその逆。幕府が三大改革期など、観光や遊興を目的とした旅行に制限をかけた時期、人々は温泉地を目指すようになったのです。幕府は遊興目的の旅は禁じても、病気療養の旅についてはとやかく言いませんでした。そこで、庶民は、病気療養と称して温泉地へ行き、楽しく遊んだのです。

江戸っ子がよく足を運んだのは、箱根、那須、草津などの温泉地。泉質がいいのはもちろんのこと、これらの温泉は関八州内だったため、通行手形を見せる必要がなく、自由に行き来できたことも、人気の理由でした。

江戸時代の温泉旅行は、「湯入り講」という団体で出かけるのが一般的でした。庶民たちは、正月の湯、春湯治、花湯治、田植えあがり、夏湯治、盂蘭盆湯、秋湯治などの時期、団体で湯治に出かけたのでした。

滞在期間は7日単位が基本。7日を「一回り」と呼び、もうすこし滞在したいときには、7日間単位で延ばしました。その費用は相当な金額で、山東京伝の『熱海温泉図彙』によると、1830年で「一回りの食事代は100匹、湯料は銀2匁」、他にも食器や煙草盆の借り賃を含め、合計で4000文ほどかかったとあります。当時は裏長屋の家賃が400文でしたから、庶民にとってはかなりの出費になりました。

旅行案内

――江戸の編集者の実力を示す旅行ガイドの先進性

江戸時代にも、今の旅行ガイドブックのような本がありました。「道中記」や「細見記」と呼ばれるもので、その内容はかなり充実していました。旅籠の場所や宿賃、馬の駄賃、名所旧跡への行き方や所要時間、さらに茶屋の評判、その土地の名物名産などが掲載され、現代のガイドブックと見比べても、その実用性には遜色ありません。

とりわけよく売れていたのは、東海道関連では『東海道巡覧記』という一冊。盧《ろ》橘堂適志《きつどうてきし》という筆者が自分の足で歩いて取材し、まとめたもので、実用性がひときわ高かったのです。

その一方、目で見て楽しむタイプのガイドブックもあり、そのタイプは「名所図絵」と呼ばれました。版画で観光スポットを紹介するもので、写実的な絵で情報をリアルに伝えました。

このタイプが人気を集めると、以降、旅の案内書は「絵入り」がスタンダードになり、全国各地の案内が作られるようになります。『江戸名所図会』『東海道名所図会』『伊勢参宮名所図会』など、全国各地の図会が出版されました。これらは、旅先に持参するのはいささか荷物になったので、もっぱら在宅で眺めて楽しむための本でした。さらに当時、旅人必携と言われたハウツウ本に、八隅《やすみ》蘆庵《ろあん》の『旅行用心集』がありました。この本は、駕籠で酔わないための方法、盗賊や泥棒にあったときの対処法など、旅先で起こりうるトラブルと対処法を解説したものでした。

東海道五十三次
――端から端まで旅したときの費用と日数

江戸・日本橋と京都・三条大橋を結ぶ東海道。江戸時代の人たちは、どれくらいの日数と費用をかけて、東海道五十三次を歩いたのでしょうか。

まず日数は、江戸時代の道中記に「男の足で13日から15日、女の足だと16日以上」とあります。東海道の総延長は約５００キロで、人が1日に歩ける距離はおおむね10里（約40キロ）が限度なので、この日数は妥当なところでしょう。

　現代人の感覚では、1日40キロというのは、たいへんな距離ですが、江戸時代の人々はあの弥次喜多コンビでさえ、『東海道中膝栗毛』では第一夜は戸塚の宿に泊まっています。戸塚は日本橋から10里半、およそ42キロですから、あのコンビものんびりと旅しているようですが、それだけの距離を歩き切っていたのです。

　ただ、道々、寺社に参拝するなど、寄り道しながら進めば、1日8里くらいのペースになります。そこで、男性なら、終点の京都までは13～15日、女性の足では16日くらいかかることになったのです。

　次に、費用のほうは、同じく道中記によると、宿賃は食事代込みで1泊150文から200文、お茶代が1日10文、川を渡るときに人足に払う手間賃や舟銭が計500文程度。さらに、草鞋代、弁当代などの雑費が計500文から600文かかったとあります。

　すると、最短の12泊13日で計算しても、総費用は4000文から5000文にのぼります。文政年間の大工の日収は、約280文でしたから、日給の18日分もの費用がかかったことになります。

もっとも、これは晴天が続いた場合で、道中、雨が多ければ、川の水かさが増し、川越えができなくなりました。そのため、梅雨時などは、もっと日数がかかったのです。たとえば、蔦屋重三郎と縁の深かった曲亭馬琴は、１８０２年5月9日に江戸を出発したさい、道中、何度も川の増水で足止めをくらい、結局、京都に着いたのは7月3日。江戸を出発してから、じつに54日目のことでした。

そうなると、宿賃だけでも大変な額にのぼります。それでも、馬琴が京都にたどり着けたのは高収入を得ていたからで、並の庶民なら旅費が底をついて、泣く泣く引き返すハメになったことでしょう。

女旅
――女性が旅するとき、最も面倒だったもの

江戸時代には、女性も旅に出ました。現実に、女性の手による道中記が多数残されています。

江戸時代の女性道中記で最も有名なのは、小田宅子《いえこ》の手による『東路日記』。九

州筑前の商家の女将だった小田宅子が、女友だちと伊勢、信州、日光、江戸、京都、大坂を5か月もかけて回った道中の記録です。

小田宅子は、女友だちのほかに、荷物持ちやボディガードとして3人の従者を連れて旅しましたが、江戸後期になると、女性だけで旅することも珍しくありませんでした。それだけ、旅行が身近なものになっていたのです。

ただし、女性には難儀なこともありました。最も面倒だったのは関所の通過です。「入り鉄砲に出女」といわれるように、江戸から外に出ようとする女性に対するチェックはとりわけ厳しく、箱根の関所では、髪の中まで入念に調べられたり、手形に不備があったりすると、何日も足止めされることになったり、泣く泣く引き返すことになりました。

名所
――江戸には、どんな観光スポットがあったのか？

現代の東京も、一大観光都市であり、世界中からインバウンド客を集めています。

江戸の町も同様で、多数の名所と盛り場があり、観光地としても人気の的でした。参勤交代で江戸に上ってきた侍や、商用で江戸に来た人たちは、暇があれば、江戸の名所を訪ね歩いては楽しんでいたのです。

その江戸を代表する観光スポットが、「花の名所」でした。観光客、そして江戸っ子たちも、季節ごとの花の名所に足を運んだのです。

そうした名所をあげると、まず桜の名所が、上野寛永寺境内、飛鳥山、隅田川東岸の墨堤、浅草寺奥山、御殿山など。梅の名所として知られていたのは、寺島村、百花園、亀戸の梅屋敷など。さらに、高田は山吹の名所、平井は椿の名所、亀戸天満宮は藤の名所、龍眼寺は萩の名所、鮫洲の正燈寺や雑司ヶ谷は紅葉の名所として親しまれていました。

花の名所以外で人気が高かったのは、潮干狩りのできる高輪や品川の海岸、夏になるとホタルが舞う隅田川西岸の駒形や、落合の妙正寺川周辺などでした。広尾、飛鳥山、道灌《どうかん》山などはすすきが群生し、秋が近づくと、虫の声が楽しめるスポットとしてにぎわった場所です。

以上のような名所が、歌川広重の『名所江戸百景』などの浮世絵のモチーフにもなっています。

江戸案内
――各種ニーズに応えた江戸のガイドブック

江戸時代には、そうした名所に関する情報をまとめた観光ガイドブックが出版されていました。名所の位置や順路などを書き記したマップ風の案内本や江戸見物の体験談を小説風にまとめたものなど、いろいろな案内本がそろっていたのです。

そのなかでも、江戸案内の決定版といわれたのが、斎藤幸雄・幸孝・幸成の父子三代が40年もかけてまとめた『江戸名所図会』です。

これは全7巻、20冊からなるもので、とりあげた名所の数はじつに1043。そのうち745には、精密なイラストが付いているという作りでした。

その一方、今でいうショッピングガイドもあって、その定番は『江戸《えど》買物独案《かいものひとりあん》内《ない》』という一冊。これは、江戸全域の商店をまとめたもので、とりあげている商店の数は2622店にのぼります。この本は、それらを業種別にまとめ、たとえば

「糸屋で糸を買いたい」ときには、「い」↓「糸屋」↓「各店」といった風に検索すれば、目当ての店を探すことができました。

一方、風俗産業に関しては、蔦屋重三郎も関わった『吉原細見』が有名。これは、各町の遊女屋と遊女を紹介するもので、遊女屋へのアクセス方法から、それぞれの遊女の源氏名、ランク、揚代、そして、遊び方まで懇切丁寧にガイドされていました。

寺社巡り
――参拝帰りに、江戸っ子たちが遊んだ場所

江戸中期以降、寺社詣でが盛んになりました。といっても、江戸っ子が寺社に詣でるようになったのは、急に信仰心が高まったからではありません。寺社詣でが〝レジャー〟として確立したからです。

数ある寺社の中でも、とりわけ多くの参拝客を集めたのは、浅草の浅草寺、上野山の寛永寺、深川の富岡八幡宮、王子の稲荷神社など。

江戸っ子たちは、桜の季節になると花見の名所として知られる上野山の寛永寺に足を運び、初夏になると深川の富岡八幡宮を参拝し、帰りに潮干狩りや船遊びを楽しみました。夜の遊びが恋しくなれば、歓楽街のど真ん中にある浅草寺へ繰り出しました。王子の稲荷神社に江戸っ子がよく行ったのは、ここが江戸から日帰りできるぎりぎりのところにあったから。どこかへ遠出したいけれど、泊まりは無理。そんな人が、ハイキングがてら訪れたのです。

そうした寺社詣でのさい、参拝した帰りには岡場所へという男性が多数いました。実際、参拝より「そっちが目当て」という男性のほうが多いくらいで、寺社詣では夜遊びのための口実にされていたのです。

ご開帳

——絶大な集客力を誇った宗教イベント

江戸でウケたイベントのひとつに「ご開帳」がありました。寺社が秘蔵の仏像や霊宝を一般公開するイベントのことです。ご開帳は大きくふたつに分かれ、寺社が自分の地所で行う「居開帳《いがいちょう》」と、他の場所を借りて行う「出開帳《でがいちょう》」のふたつがありました。

江戸では、1654年、浅草寺が居開帳を行ったのを皮切りに、頻繁にご開帳が行われるようになりました。江戸初期から幕末までに、江戸で行われたご開帳の回数は、居開帳・出開帳合わせて1566回に上ったといいますから、1年に4～5回は、江戸のどこかでご開帳が行われていたわけです。

ご開帳は宗教行事のひとつではありましたが、江戸時代の寺社が頻繁に行った理由は、それだけではありませんでした。ご開帳を行うと、人が集まり、寺社は賽銭や寄進を得ることができます。そうして稼いだ資金を施設の維持費や借金の返済にあてるという切実な動機があったのです。江戸以外の寺社が江戸で出開帳を行ったのも、江戸は人口が多い分、稼ぎが大きいからでした。

1778年、信濃の善光寺が、両国の回向院で出開帳したときには、門前に長蛇の列ができ、今の約9億円にあたる収入があったと伝わります。

ただ、出開帳の場合は、仏像などを開帳する場所にまで運ぶ旅費や、開帳場所に払う地代などがかさみ、赤字に終わるケースもありました。

では、なぜ江戸庶民は、そんなにご開帳に関心を抱いたのでしょうか？　むろん、秘仏などの御利益にあやかりたいという気持ちはあったでしょうが、ご開帳の人気の秘密は、それだけではありませんでした。ご開帳が行われる寺社の門前には、茶屋や見世物小屋がたち並び、祭りのようににぎわっていたのです。江戸っ子にとってご開帳は、いわばご利益つきのお祭りだったのです。

ちなみに、江戸時代、居開帳を最も多く行ったのは、浅草寺で31回。出開帳はお不動様の成田山新勝寺で12回。出開帳の場所として最もよく利用されたのは、回向院の166回でした。

花見
――長屋の住人からお大尽まで、それぞれの桜の楽しみ方

江戸っ子にとって、春の桜の花見は一大レジャーでした。

花見当日、女性は朝早くから化粧にとりかかり、ふだんは着ないおしゃれ着を身につけました。食事も、いつもとは違った豪華な行楽弁当を用意し、それに酒と酒

器を持って、連れ立って目当ての花見の名所へと繰り出したのです。

なかには、コスプレ衣装を身にまとって、花見の場所で、素人芝居を披露するグループも登場しました。江戸市中には、そのためのレンタル衣装屋もあったほどで、なかには赤穂浪士の仇討ちを真似て、47人がそろいの衣装を着て現れた連中もいたと伝わっています。

さらに贅沢な花見を楽しんでいたのは、上級の武家や町家の旦那衆らの富裕層です。たとえば、隅田堤の桜を見物するには、川の水上から眺めるのがいちばんということで、屋形船を雇って水上から桜を楽しみました。そのあとは、向島の料亭へ船で乗りつけ、一献傾けながらの夜桜見物。さらに興が乗れば、吉原へ繰り出すというのが、富裕層の花見のフルコースでした。

というように、江戸の各層は、にぎやかに花見を楽しんでいたのですが、そんな喧騒とは無縁の花見の名所もありました。徳川歴代将軍の霊廟のある上野の山です。

そもそも、上野の桜は、将軍家菩提寺の寛永寺を創建する際、桜の花を愛した天海僧正が奈良の吉野から、苗木を取り寄せて植樹したもの。まず、彼岸桜が3月初め頃から花をつけはじめ、奥へ行くにしたがって、吉野桜、八重桜が順に咲き誇りました。

そうした桜を一般人も花見をできたとはいえ、由緒のある場所だけに、マナー違反は厳しく取り締まられました。三味線を鳴らしたり、歌ったりすると、山同心が飛んできたのです。そして、日没には門が閉じられました。当然、酒目当ての客は寄りつきません。その分、町家の娘や寺子屋の子供たちが、安心して出かけられる場所ではありました。

また、元禄の頃までは、上野の山以外に花見スポットが乏しかったため、花見自体がそれほど盛んではありませんでした。花見が春のレジャーとして定着したのは、8代将軍の吉宗の時代からです。

吉宗は、将軍自ら指揮をとって、飛鳥山に花見スポットを建設しました。これが人気を呼んで、人々は飛鳥山へも繰り出すようになったのです。

ただ、飛鳥山は市中から遠く、女性や子供が夜道を歩いて帰るのは危険でした。そこで吉宗は、向島の隅田堤にも桜を植えさせます。この界隈なら夜桜見物ができますし、桜の下で飲んで歌った後、吉原へひやかしに、という遊びもできます。

このほか、品川・御殿山に桜を植えさせたのも、吉宗でした。徳川吉宗は暴れん坊将軍のモデルですが、現実にはサクランボウ将軍だったというわけです。

そうして、吉宗の時代以後、江戸では、上野の東叡山、王子の飛鳥山、向島の隅田堤、品川御殿山、谷中の道灌山が五大花見スポットとなります。

なかでも庶民に人気があったのは、千本桜で有名な隅田堤周辺でした。延べ2キロにわたって桜並木のつづく場所であり、江戸後半は上野の山をしのぐ、一番人気の桜の名所となりました。

花火
――そもそも花火代は誰が負担していたのか

毎年7月に開催される「隅田川花火大会」は、東京を代表する夏のイベントですが、もとは、死者の霊を弔うためにはじまったものでした。

両国の隅田川で初めて花火が打ち上げられたのは、1733年の旧暦5月28日の川開きの日のこと。その前年、全国で数十万人ともいわれる餓死者を出した「享保の大飢饉」が起きていたうえ、江戸市中では当時コロリと呼ばれたコレラが流行し、多くの死者が出ていました。そこで、8代将軍吉宗は、死者の慰霊と悪霊退散のため、両国で「水神祭」を催したのです。

花火はその余興として打ち上げられ、その数は20発程度でした。色もオレンジの単色のみの地味なものでした。それでも、大きな反響を呼び、翌年以降も打ち上げられることになり、江戸名物になっていきます。

その花火の打ち上げは、代々、花火師の「鍵屋」が担当していましたが、7代目鍵屋弥兵衛のとき、清七という番頭が独立し、「玉屋」を名乗ります。以降は、鍵屋が下流、玉屋が上流に花火船を浮かべて、花火を打ち上げるようになったのです。

その花火見物のため、江戸の人々は当日、両国界隈に押し寄せ、橋の上から大勢の人々が観賞しました。浮世絵にも、両国橋の上に群衆がひしめく様子が描かれています。その人の重みで、橋はぐらぐら揺れ、今にも崩れ落ちそうなほどだったといいます。

一方、富裕層は花見と同様、納涼船をチャーターして、水上から花火見物としゃれこみました。その船の間を、物売りの船が近づいてきては、食べ物や飲み物を売り込みました。

また、鍵屋や玉屋に支払う花火代は、おおむねそうした富裕層が支払っていました。鍵屋や玉屋も船を出し、「花火はいかがー」と声をかけて回り、お客が「頼む」と金を出して花火を買ったのです。

あるお客が気前のいいところを見せようとして、花火を1発、2発と打ち上げると、別の屋形船の客もスポンサーとなって1発、2発と打ち上がります。こうして、富裕層が見栄を張り合えば、張り合うほど、庶民は盛大な花火を楽しめました。隅田川沿いの船宿や両国界隈の水茶屋、料理屋もお金を出し合っていました。また、隅田川沿いに屋敷をもつ大名も、一晩に100両、200両という金を投じて花火を打ち上げ、それを眺めながら宴会を行ったといいます。そうした富裕層のおかげで、江戸の庶民は、タダで花火を楽しむことができたというわけです。

花火のなかでも、人気があったのは、むろん大型の花火。文化・文政の記録によると、群光星、銀河星、乱火、大柳、光雷鳴など、数十種類もの大花火があったといいます。むろん、値段は大型の花火ほど高価で、普通の花火は1発1~2朱でしたが、大型花火には1発数両もする大玉もありました。

月見
——江戸っ子たちが守った月見のしきたり

江戸の庶民は、秋には月見を楽しみました。武家、町家から庶民の長屋に至るまで、月見が広く行われていたのです。

江戸時代の月見は、2度行うのがしきたりでした。まずは、旧暦8月15日の「中秋の名月」を鑑賞し、翌月9月13日に「十三夜」の月を楽しみました。そのどちらか一方だけ行うのは「片月見《かたつきみ》」と呼ばれ、縁起が悪いと江戸っ子に嫌われました。

当日、自宅で月見をする人たちは、朝から月見団子をついて丸め、用意しました。夕方になると、すすきを徳利などにさして、枝豆やイモ、クリなど、秋に収穫された供え物を三方に載せて縁側へ運び、飾ります。そうして、澄んだ夜空に大きな月がのぼる頃、月見の宴をはじめたのです。

一方、戸外へ繰り出して月見をする人もいました。月見スポットとして有名だったのは、高輪、隅田川、道灌山や飛鳥山など。なかでも、高輪が月見の名所となったのは、高台という立地に加え、品川宿に近かったからでしょう。

歌川広重の浮世絵『高輪秋の景』には、海に浮かぶ月と船、それに女性の姿が描かれていますが、この絵に描かれているように、月見にかこつけて外出し、品川宿で遊ぶ男性客が多かったようです。

季節の遊び
――四季折々、江戸っ子はどんな遊びを楽しんだのか

江戸の人々は、四季折々、いろいろな季節の遊びを楽しみました。春の花見、夏の花火、秋の月見、冬の梅見といったレジャーに繰り出していたのです。

そのひとつに、春の野草摘みがありました。まだ寒さの残る3月、芽を出したばかりのセリやヨモギなどの若芽を摘みに、郊外へと足をのばしたのです。江戸市街をすこし出れば、あたりは一面野原だったので、山菜は取り放題。実益を兼ねた春のハイキングでした。

雛祭りの頃には、潮干狩りを楽しむ人が増えました。本来、雛祭りは3月3日の

節句に海に入って禊《みそぎ》をしたことがルーツ。それが、潮干狩りというレジャーにつながったのです。

むろん、江戸の人々は、季節折々の花の観賞も楽しみにしていました。たとえば、まだ寒い時期、いち早く花をつける梅は、今よりもはるかに人気のある花でした。とりわけ、有名な梅の名所は、歌川広重の絵にも描かれている亀戸天満宮の梅です。

初夏には「蓮の名所」として知られた上野の不忍池に、朝早くから見物客が集まりました。早朝、蓮の花が開く瞬間を見るためです。そうした見物客を目当てに、菜飯などを売る店も出て、不忍池界隈は朝からにぎわいました。

そして、梅雨明けが近づいた5月末には、隅田川の川開きが行われました。夏場の夜は隅田川西岸の駒形や落合の妙正寺川あたりで、ホタル見物を楽しむ人が増えました。

秋の七草の頃には、萩の花を観賞したり、秋の草花摘みに出かける人もいました。当時、草花摘みのスポットで人気だったのは、今の広尾あたり。現代は高級住宅街ですが、江戸時代は、月見に欠かせないすすきの原が広がる土地でした。

6章

江戸の食・ファッション

飲食店

――江戸では、どんな外食を楽しめた？

江戸の最初の飲食店は、1616年、浅草界隈に出店された茶屋とみられています。その前は、浅草寺に参る際、昼飯を食べる場所がなくて困ったという記録がありますが、この茶屋ができてからは、浅草寺へ弁当持参で出かけ、茶屋で茶を買って食べられるようになったようです。

飲食店が急増したのは、1657年の明暦の大火以後のことです。この火事で江戸の町の6割が焼け、復興事業のため、出稼ぎ労働者が大勢集まってきました。すると、彼らに食事を供給する店が浅草や神田に多数開店したのです。

なかでも人気があったのは、浅草の金龍山門前の「奈良茶飯」の店だったと伝わります。奈良茶飯は、濃いめのお茶をかけて食べるお茶漬けで、これに豆腐汁、煮しめ、煮豆を加えたセットが人気を呼びました。

とはいえ、江戸初期の間は、食事のできる店は少なく、庶民は出かけるときは弁当持参が普通でした。町人が気軽に利用できる店や屋台が増えていくのは江戸中期からのことで、すし屋や蕎麦屋、うなぎ屋、天ぷら屋、団子屋、甘酒屋、飴屋などが続々と開店します。

居酒屋
——豆腐田楽からはじまった江戸の居酒屋文化

江戸初期の江戸では、各家庭でドブロクを自分で造って飲む人が多かったのですが、元禄年間になると、専門業者の造った酒が出回るようになりました。酒の小売り専門店が登場したのです。ただ、その時代はまだ、買った酒を持ち帰り、自宅で飲むのが一般的でした。

その半世紀後の宝暦年間（1751～1764）、蔦屋重三郎が子供の頃には、酒屋で買った酒を店先で飲むスタイル（今でいう角打《かくう》ち）が広まりました。そういう店は、店に〝居るままで酒を飲ませる〟ことから、「居酒屋」と呼ばれはじめます。

やがて、居酒屋のなかから、人気の店が現れます。神田鎌倉河岸（現在の内神田

2丁目）にあった「豊島屋」です。

もともと豊島屋は、江戸初期、江戸城の改修で集まった職人や商人たちを相手に開いた店でした。その後、店先で酒を飲ませる居酒屋となり、お客を呼ぶために、豆腐田楽を出したところ、これが大当たりしたのです。豊島屋の豆腐田楽は、1本2文（40円程度）と安く、しかもサイズが大きかったことから、お客が押し寄せたのです。

豊島屋のもうひとつの売りは、関西から船で運ばれてくる「下《くだ》り酒」でした。当時は、関東地方にまだ良酒を造る技術がなく、関西の酒が上等とされていた時代です。豊島屋は、酒も肴も安くてうまいと評判を呼びました。

この豊島屋の繁盛をきっかけに、他の居酒屋もさまざまに工夫して、芋の煮っころがし、おでん、ぬたなどの肴を出すようになります。そうした店は「煮売り酒屋」とも呼ばれ、独身男性の多い江戸で大いに繁盛しました。

ところで、そうした江戸の居酒屋の値段は、いかほどだったのでしょうか。江戸後期の史料には「酒一合八文」「おでん一皿四文」とあるので、現在の価値に換算すると、それぞれ、160円と80円ぐらい。この値段なら、庶民も十分に通えたというわけです。

高級料亭
――江戸で一番うまくて高い店

江戸の町に高級料理茶屋が登場したのは、江戸も後半に入った1771年。蔦屋重三郎が20歳を迎えたころのことでした。

その店は、深川洲崎にオープンした「枡屋」で、広い敷地に趣向を凝らした立派な店を構え、手の込んだ高級料理を提供しました。

その後、浮世小路の「百川《ももかわ》」、材木町の「山藤」、茅場町の「楽庵」、深川の「二軒茶屋」などの高級料理屋が開店して、いずれも大繁盛しました。その値段は高額だったので、利用できたのは、大名や上級武士、大商人など。やがて、諸藩の留守居役がよく使ったところから、「留守居茶屋」とも呼ばれました。

そんな高級料理茶屋のなかでも、江戸随一と異名をとったのが、浅草新鳥越町にあった「八百善《やおぜん》」です。こんなエピソードが残っています。

ある日の昼過ぎ、3人の武士が「八百善」へ入って茶漬けを頼んだところ、夕方まで待たされました。やっと食べた茶漬けは、たしかに絶品でしたが、請求された代金は1両2分（今の12万円）。お客が「いくら何でも高すぎる」と苦情を言ったところ、店の主人は、こう答えたそうです。

「玉川まで飛脚を飛ばし、極上の茶に合う水を汲んで参りましたし、春には珍しい瓜と茄子の粕漬けを出しましたので」

主人の栗山善四郎は、『江戸流行料理通』という料理本を出版していますが、この本は葛飾北斎ら一流の絵師が協力した超豪華なものでした。

初物

――初物珍重の背景にあったたわいもない迷信

江戸初期は、人口の急増に関東周辺の生産力向上が追いつかなかったため、江戸の町には、食品や生活物資を上方から船で運び込んでいました。上方から運ばれる米や酒、油、呉服や小間物などは、いずれも関東産よりも上質だったため、上級武士や裕福な商人は「下り物」を好んで身につけ、食べていました。

しかし、江戸中期になると、関東周辺の地域も生産力をつけ、質も向上します。とりわけ、食品は、江戸周辺で作られたり、とれたりしたものは、「下り物」よりも新鮮なので、人気を博しはじめます。

とりわけ、江戸前（東京湾）の魚は人気となり、江戸っ子の間では、他人よりも早く「初物」を食べることが、とくに「初鰹」を食べることが、自慢のタネになりはじめます。

江戸時代には「初物七十五日」という言葉がよく使われましたが、「初物の魚や野菜を食べると、寿命が七十五日のびる」という意味です。江戸庶民が初物を珍重した理由のひとつは、この言葉を信じていたからでした。

陰暦4月になると、江戸っ子たちはソワソワしはじめます。その時期になると、今の湘南沖あたりでとれた初鰹が、「押送舟《おしおくりぶね》」と呼ばれた快速船で、三浦半島をグルッと回って江戸へ運ばれてきたからです。

日本橋の魚河岸に着いた初鰹は、まずは江戸城へ上納され、それから高級料亭や遊廓へ売りさばかれていきました。その値段はむろん高額で、とりわけ江戸後期になると、法外な値段で取引きされるようになります。

1812年春には、江戸に17本の初鰹が入荷し、将軍に1本が献上されたほかは、セリにかけられて1本2両1分の値段がつきました。現在でいえば、約18万円です。その11年後の1823年には、それを上回る1本2両2分の値段がついたと伝わります。

その値段でセリ落としたのは、前に紹介した高級料理茶屋の「八百善」でした。八百善にとっては、初鰹の値段が高ければ高いほど、宣伝となり、破格の仕入れ値も宣伝費と考えれば、安い買い物だったようです。そのあたりは、今、正月にセリで高値をつける大間《おおま》の黒マグロとよく似ています。

むろん、庶民に、そんな超高額の初鰹を買う余裕はありません。口にできたのは、カツオの入荷量が増え、1本1万円くらいに値段が下がってからのことでした。それでも、切り身で買って、家族で分け合って食べるものでした。

また、江戸時代も後半になると、鰹以外の初物も珍重され、生シイタケ（1月）、ツクシ、ワラビ、葉ショウガ（いずれも3月）、タケノコ（4月）、ナス、ビワ（いずれも5月）、梨（8月）、マツタケ（8月）、柿（9月）、ミカン（9月）などの初物が人気を集めました。

その熱狂ぶりに、幕府は何度も初物禁止令を出しますが、人気はおさまらず、初物ブームは1世紀以上も続きました。

菓子
――江戸で人気を呼んだこんな餅、あんな団子

江戸では、いろいろなお菓子が作られていましたが、なかでも江戸名物として人気を博したのは「桜餅」でした。

この桜の葉で餅を巻くというアイデアを思いついたのは、山本新六という隅田川沿いの長命寺の門番でした。

彼は毎年の桜の季節、隅田川の土手に大量に舞い落ちる桜の葉を眺めながら、「もったいない」と思い、利用できないか、と考えていました。新六はあるとき、落ち葉を集めて塩漬けにして、餅に巻いて売ることを思いつきます。そして1717年、桜餅の店を開いたところ、桜見物客が立ち寄るようになり、たちまち人気と

なったのでした。

また、桜餅誕生より少し前の元禄時代、やはり江戸名物となった餅に、両国広小路の小松屋の「幾世餅《いくよもち》」がありました。この餅をつくった幾世は、もとは吉原の遊女で、神田の車力頭だった喜兵衛に身請けされます。その後、幾世は妻として、餅屋に転じた喜兵衛をささえ、このヒット商品が生まれることになったのです。美人で遊女だった幾世を一目見ようというお客で、大にぎわいとなったと伝わります。

後に、幾世を身請けするためにお金を貯め、商人として成功した喜兵衛の物語は、『幾世餅』という落語の人情噺にもなっています。

江戸名物としては他に、浅草の大仏餅、芝神明の太々餅、金龍山の浅草餅、人形町の鹿の子餅、飯倉片町のおかめ団子、永代団子、目黒の栗餅などがありました。

蕎麦
――江戸っ子が蕎麦食いになるまで

今は、東京では蕎麦、関西ではうどんがよく食べられますが、江戸時代の初期には、江戸でもうどん屋が主流でした。「慳貪屋《けんどんや》」と呼ばれた手軽で安い店がうどんを食べさせていたのです。なお、無愛想な態度のことを「つっけんどん」というのは、この店の呼び名に由来します。

江戸で蕎麦がよく食べられるようになったのは、ちょうど蔦重が生まれた頃、寛延年間（1748～1751）とみられます。この時期、江戸落語にもよく登場する屋台の蕎麦屋が急増したのです。

そのいちばんの理由は、味が格段によくなったこと。蕎麦のつなぎに小麦粉を使う技術が生まれ、うまくなった蕎麦の味が江戸っ子の舌をとらえたのです。

そもそも、蕎麦は奈良時代、中国から伝えられ、鎌倉時代には、蕎麦粉を餅状にして焼いて食べていました。室町時代には、蕎麦粉を熱湯で練り、汁をつけて食べるようになりました。いわゆる「蕎麦掻《が》き」です。

今のような細長い蕎麦は、江戸の初めには登場していたのですが、つなぎを使っていなかったため、製麺が難しく、また味も今いちだったのです。

それから150年ほどたって、つなぎに小麦粉が使われるようになり、そのさい、小麦粉2割、蕎麦粉8割で麺が打たれたので、「二八蕎麦」という言葉が生まれました。そうして、江戸は蕎麦党の町になったのです。

また、その頃には、銚子や野田の関東醤油が江戸市中に出回っていました。それを蕎麦が相まって、濃い口醤油とカツオダシ、煮きり酒などを混ぜて作られる濃いつゆが、江戸を代表する味になりました。

屋台のもりやかけの値段は、明和・安永年間（1764〜1789）で、1杯16文（現在の感覚で320円）くらい。その後、この程度の値段で定着し、値段の16文が2×8であることから、この意味でも二八蕎麦と呼ばれました。

化粧
——江戸の美肌作りの方法

江戸時代は、どのような化粧をしているかで、その女性の社会的な立場がある程度わかりました。まず、お歯黒をしていれば既婚者で、眉を剃り落としていれば、出産経験があるという具合です。なかには、20歳を過ぎて独り身というのは肩身が狭いと、あえてお歯黒をする未婚女性もいたようです。

というように、化粧に身分証明という意味合いがあったこともあり、江戸の女性は化粧に高い関心を抱いていました。おしゃれとしての化粧が庶民にまで普及したのは、世界でも江戸が最初という研究者もいるくらいです。

たしかに、江戸初期の寛永年間（1624～1643）には、すでに「花の露」という肌手入れ用の化粧水が売り出されていました。やがて経済が発展すると、女性たちは、化粧に手間とお金をかけるようになり、江戸美人の理想像に近づくため、努力を惜しみませんでした。

まず、江戸美人の第一条件とされたのは、色白できめの細かい肌。そこで、江戸の女性たちは糠《ぬか》で肌を磨き、手入れに精を出しました。湯屋では、1回分4文（80円ほど）で糠が売られていました。うぐいすのふんも美肌効果があるとされ、今に至る化粧アイテムになりました。

肌の保湿には、米のとぎ汁が使われました。まず、とぎ汁の上澄みを捨て、下にたまったものを濾《こ》して天日で干します。寝る前にそれを顔に塗って、翌朝、洗い流すという手間をかけていました。今でいえば、パックのようなものです。

髪の生え際がきれいで、髪に艶があることも、江戸美人の条件だったので、女性たちは髪の手入れにも余念がありませんでした。黒髪に艶を出すために使われたのが、海藻からとったフノリです。それにうどん粉を混ぜ、熱湯に入れたもので、髪を洗ったのです。

また、髪の生え際には白粉をほんのり塗り、うなじは顔より濃いめの白粉を塗って強調、下地には少量の油を塗って艶を出していました。

口は、小さいことが美しいとされたので、女性たちは、下唇は口紅を濃く、上唇は淡く塗って、小さく見せていました。

お歯黒
――なぜ、歯を黒く染めるようになったのか？

前述したように、江戸の女性は、一目で既婚か未婚かの区別がつきました。武家の女性も裏長屋のおかみさんも、人妻はお歯黒をしていたからです。

なぜ歯を黒く染めるのか、今の感覚では理解しがたいところですが、それは幕末に来日した外国人も同じだったようです。なかには、お歯黒にショックを受けて、

「他の男に寝盗られないよう、わざと醜くしているのではないか」と、その理由を考えた人もいたくらいです。

ただ、日本では、お歯黒は、江戸以前からある古い習慣でした。

平安時代には、すでにお歯黒が公家の間に広まり、当時は、女性だけでなく、男性もお歯黒をしていました。そして、歯を染めない下層階級を「白歯者《あおばもの》」と呼んで卑しんだほどです。

江戸時代に入ると、初期は「十三ガネ」といって、女性は初潮を迎えると、お歯黒をするようになりました。時代がすすむにつれて、十六ガネ、十八ガネと年齢が上がり、江戸中期には「既婚者の印」になっていました。

では、どのようにして、歯を黒く染めていたのでしょうか。まず、古釘などの鉄片を酢や濃い茶に浸し、そこに飴や粥を加えて酸化させた液体、「鉄漿水《かねみず》」をつくります。

しかし、それを塗るだけではすぐに落ちてしまうので、接着剤代わりに「五倍子粉《ふしこ》」と呼ばれる粉を加えて混ぜます。そうして完成したお歯黒を先を筆のようにした楊枝で歯に塗っていたのです。

いなせ
――江戸ファッションに必須の美意識

江戸の町人文化は、江戸前半までは、上方の影響を濃厚に受けていました。上方でよしとされたものが、江戸でもよしとされていたのです。

ところが、蔦屋重三郎が子供時代の宝暦年間（1751〜1764）あたりから、江戸っ子独自の美意識が発達しはじめます。「いなせ」という新たな価値観が生まれたのです。

この言葉、漢字では「鯔背」と書き、江戸日本橋の魚河岸の若者が結っていた魚の「いなだの背」に似せた髷の形に由来するという説が有力です。江戸では、いかにも江戸っ子らしい勇み肌の気風や容姿を指して、「いなせ」と呼びました。

服装の場合、いなせな着こなしの基本は、とにかく細身に見せることにありました。ほっそり、すっきりが理想とされ、寒いからといって厚着するのは野暮というのが、江戸っ子の価値観でした。

そうした男性のファッション・リーダーとなったのも、やはり歌舞伎役者でした。男性たちは、人気役者が身に着けた衣装の模様や配色を真似たのです。

たとえば、「團十郎茶」と呼ばれる色は、市川團十郎が歌舞伎十八番のひとつ「暫」のなかで身に着けた巨大な大紋の地色。弁柄と茶渋で染めたやや黄味がかった茶色で、大流行しました。

もともと茶色は、江戸時代を通じての流行色で、「四十八茶」と呼ばれたほど、多彩な色合いがありました。江戸っ子は、それらを使い分ける繊細な色彩感覚を持っていたのです。

青春文庫

250年前《ねんまえ》にタイム・スリップ！
見《み》てきたようによくわかる
蔦屋重三郎《つたやじゅうざぶろう》と江戸《えど》の風俗《ふうぞく》

2024年11月20日　第1刷

編　者　日本史深掘《にほんしふかぼ》り講座《こうざ》
発行者　小澤源太郎
責任編集　株式会社プライム涌光
発行所　株式会社青春出版社

〒162-0056　東京都新宿区若松町 12-1
電話 03-3203-2850（編集部）
03-3207-1916（営業部）
振替番号　00190-7-98602

印刷／中央精版印刷
製本／フォーネット社

ISBN 978-4-413-29863-6

ほんとうのあなたに出逢う　青春文庫

読むだけでピンとくる!
心理分析のトリセツ

心のサインを見抜くワザ、すべて集めました。
いい人間関係をつくり、
仕事の成果を生み出すための処方箋

おもしろ心理学会[編]

(SE-859)

大人が絶対かなわない
できる小学生の国・算・理・社

[ ]や{ }を使った計算の順序は?
二院制、通常国会…国会の仕組みとは?
一流社会人の基本教養が最短で身につく。

話題の達人倶楽部[編]

(SE-860)

1日10分でいい!
緑内障・白内障・黄斑変性は
自分で治せる

ハッキリ見える! 視界が明るくなる!
視野が広がる! 脳の血流を改善する
トレーニングで目がよくなる本

中川和宏　麻生博子[監修]

(SE-861)

その英語、
ネイティブは
カチンときます

シリーズ30万部のロングセラーが文庫化!
日本人が使いがちなNGフレーズと
〝すごい言い換え〟が、ひと目でわかる。

デイビッド・セイン

(SE-862)